近代チベット史叢書 11

西康・西蔵踏査記

劉 曼卿――著
松枝 茂夫・岡崎 俊夫――訳

慧文社

西康・西蔵踏査記

劉曼卿　著

松枝茂夫　岡崎俊夫　共訳

改訂版刊行にあたって

一、本書は一九三九年に発行された劉曼卿（著）、枝茂夫・岡崎俊夫（訳）『西康・西蔵踏査記』（改造社）を底本として、編集・改訂を加えたものである。

一、原本における明らかな誤植、不統一等は、これを改めた。

一、原本の趣を極力尊重しながらも、現代の読者の便を図って以下の原則に従って現代通行のものに改めた。

i　「旧字・旧仮名」は原則として「新字・新仮名」に改めた。

（例…「盡→尽」「云ふ→云う」等）

ii　踊り字は「々」のみを使用し、他のものは使用しない表記に改めた。

iii　送り仮名や句読点は、読みやすさを考えて適宜取捨した。

iv　難読と思われる語句や、副詞・接続詞等の漢字表記は、ふりがなを付すか、一部かな表記に改めた。

v　地名、人名など一部の語句を、現代の一般的な表記に改めた。

vi　原註は（　）、訳者註は〔　〕で示し、新たな註を加えたものは［　］に示した。

慧文社

訳者序

本書（原名『康蔵軺征』）の最初の紹介者は増田渉であり、吾々は彼のすすめによってこの翻訳に着手したのであるが、その増田は『中国文学月報』第四十八号にこう書いている――

「紀行として面白いものはあまり見当らないように思うが、このごろよんだ劉曼卿の『康蔵軺征』というのは相当面白かった。著者は西蔵のラサに生れた女で、北京で教育をうけた人、蔣介石の命をうけて民国十八年、四川、西康を経て西蔵に入り、印度を経て支那に帰った。女ながらも西蔵懐柔政策の使者として国民政府を背負ってダライに会っているのである。その時の視察記であるが、西康、西蔵の事情を知るには具体的な叙述だけになかなか得るところが多い。蔵人社会の風習とか政治的な複雑性がよく分る。この本などはホンヤクされていいものだと思う」（『雑書雑談』）

右で殆ど要領は尽されているが、劉曼卿女士について今少しく蛇足を加えれば――

彼女の先祖はもと漢人で、清の中葉に某使者に随って西蔵に入り、以後代々ラサに住みつき、劉という姓を除いては、習俗も言語もみな西蔵化した。彼女が九歳のとき父母は印度ダージリンに菓子屋を開業した。その頃からよく家業の手伝をする利口な子供であったが、ある日自分の受持の仕事を棄てて友達とぶらんこの遊びに耽り、帰ってから父に大目玉を喰い、早速嫂《あによめ》の裙《スカート》の中に隠れたので、みんなその機智に感心したという逸話を残している。十二歳のとき海路帰国して北京に到り、西蔵の服装を棄てて漢装にかえ、漢語を学び、北京の市立第一小学に入学したが、聡慧な彼女は僅《わず》か半年にしてすっかり漢語に通ずるようになり、試験にはいつも優等であった。しかもその活発敏捷なことは内地の女子と比べものにならなかった。卒業後、更に北通州女子師範に入学したが、十九歳のとき父母の厳命で退学、蕭君と結婚した。しかしこれは彼女の意志ではなかったので、間もなく離婚して師範に再入学し、同校卒業後、道済医院に入って看護婦見習となった。けだし衛生と教育こそ今日の西蔵が最も緊急に必要とする所のものだという見地からであった。たまたま民国十七年、蒙蔵委員会が南京で成立し、女士は西蔵語が出来るからというので、聘せられて羅桑巴賛《ロサンパサン》［ダライラマ十三世の使者］の通訳となり、蔣主席にも会った。蔣介石は彼女の才を奇として早速これを国民政府の書記に任命した。折から西蔵ではダライとパンチェンとの間に抗争がおこったので、彼女は自ら希望して政府の命を体し、一女子の身を以て単身入蔵することとなり、民国十八年七月南京を出発、四川、西康を経て西蔵に入り、ラサに三箇月ほど滞在する間に、ダライ活仏と直接に両三度会い、国民政府との復交の利を説いた結果、これまで十余年の間一度も国民政府に通問しなかったダライが、ついに南京へ代表を駐劄《ちゆうさつ》せしめるに決し、中蔵はここに急激に接近するに至った。かくて彼女は十二分の成功を収めて印度を経て海路約一年ぶりで無事南京に帰来した。政府からの褒奨のつぶさに至ったことは勿論、胡漢民、王正廷、鈕永建、李石曾等中央要人の主催の大歓迎会を始め、各界から引張凧の歓迎会ぜめに会い、東方の寄女子の名を一時にほしいままにした。

やがて女士が蔣唯心という人に託してその旅日記を編訂整理してもらい、『康蔵軺征』六万言を得、二十年夏上海商務印書館から発行することとなり、翌年一月印刷まさに成ったとき上海事変に遇って本は全部焼かれたのであった。蔣介石以下三十余名の要人名士の序文や題字はすべて烏有《うゆう》に帰したが、幸い原稿は助かっていたので、同年夏女士が第二次康蔵調査の旅から帰来後稿成った「続記」と合せて、民国二十二年十一月始めて出版されたものである。現在の本には林森、汪兆銘、于右任、石青陽等の題事、戴天仇、孫科の序文が収められている。

最後に原書の文章につき一言すれば、ここに用いられたのは厳めしい古文で、きまりきった形容詞や成語の並んだところは、どうみてもあまり感心出来ない。どうも大へんに悪達者な書記の文章といった感じで、うら若い女子の筆とは到底考えられぬ。劉曼卿の口述や零砕《れいさい》なノートを基に、蔣唯心が潤飾したものと見てよかろうと思う。もしもこの西蔵生れの勇敢な女子に白話文を駆使する才能があって、その感情を十分に流露させることが出来たとすれば、この書は更に今の何倍か面白いものになっていたろうと惜しまれてならぬが、それは吾々の望蜀というものであろうか。ただ事実の面白さはそうした欠点を救って余りがあるし、ことに原書の悪文たるや否やはこの訳書にとってはさまで関わりのないことである。増田のいう通り、吾々のホンヤクは必ずしも徒労でなかったと信ずる。

昭和十四年十二月一日

目次

踏査日程

【第一次踏査（一九二九―三〇年）】

重慶まで汽船―成都まで轎・自動車―カリンポンまで騎馬・徒歩

八月一日　上海発
八月二十七日　康定（打箭炉《ダーチエンル》）着
十月六日　同地発
十月十五日　理化着
十月十七日　同地発
十月二十八日　巴安着
十一月十八日　同地発
十一月二十四日　江卡《ジャンカ》（寧静）着
十二月四日　同地発
十二月十七日　昌都着

一月八日　同地発
二月八日　ラサ着
五月二十七日　同地発
六月一日　江孜《ギャンツェ》着
六月三日　同地発
六月十四日　カリンポン着
六月二十四日　同地発
六月二十五日　カルカッタ着
六月二十九日　同地発
七月二十五日　上海着

【第二次踏査（一九三二年）】

七月初　麗江《リージアン》着（昆明経由）
永寧《ユンニン》・木裏《ムーリ》・中甸《チユンデン》・阿敦《アードン》の諸城踏

第一章　障碍

かつて羅桑巴桑《ロサンバサン》氏が来京し国民政府蔣主席に謁した際、氏は言語が通じなくては十分意を尽し得ないからとて私に通訳を請うた。その結果蔣氏の嘉賞《かしよう》にあずかり、翌日直ちに私を国民政府の書記に任命せられた。同輩と一時に選ばれ種々応待の事を筆記したのであるが、辛うじて人の後に従うのみであった。私としては、気のきいた文章を綴り江南才子たることは柄にないことを弁えていたし、また望んでもいなかったのである。よって遂に文官長古香芹《クーシヤンチン》氏に書を呈し、辺境旅行の志を述べた。これを聞いた親戚や友人は大に驚き、生を捨て死に入る道であるから思い止るようにと涙を流して引止めに努めた。なかには厚意のあまり、西蔵兵がすでに巴塘《バータン》を占領し西康西蔵間は大紛乱に陥っているからこの際そこを通ることは困難であると殊更に誇張しておどすものさえあった。私は一応は有難く聞いていたが、心の中では何ら意に介せず、一旦志を立てたからにはもう後へ引きはしまいと堅く心に誓ったのである、どうして僅かばかりの障碍に雄心を挫かれてなろうか。とは云うものの彼等の極力引止めるのは全く善意から出ているのであるから無下に拒けるわけにもいかない。そこで私は偽って、西康を一巡したら直ぐに雲南に出て帰って来るつもりであると云った。人を欺いた罪は免れ得ないけれど、これも一時の方便で止むを得なかったのである。その後古《クー》文官長も私の志を壮とされ、特に政府に願い出て書記の名義で西方に使することを許可された。私は願叶って大に喜んだが、親友達は反対に非常に憂え悲しんだ。間もなく政府から旅費五千元下付された。もともと大した使節ではないのだから、船賃や駕代《かごだい》には十分であった。ただ単身万里の長途に上るに誰一人連れのないのが心細かった。ちょうど西康人の葉履観《ショーリーコワン》が西康に帰り、西蔵人の孔党蒋称《コンタンチャンチョン》が西蔵へ行くというので、葉《ショー》君と談らい、政府に請願し、孔《コン》君と二人を調査員の名目で同行せしむることにした。

早速私事を片付けるため、母に告別すべく汽車で北平に赴いた。父は成都にあって官職に就いているので、途中で会うことも出来るが、母は北平に離れて住んでいる。遠方に使いするのであるから、是非会って行かねばならない。年老いた母が私の冒険を望んでいないことは分りきったことではあるが、さりとて母の許しを得ずに勝手に行くわけにはいかない。北平に着き母の前に跪《ひざまず》けば、母ははやすすり泣いて言葉もない。私は強いて笑顔を作ろうと努めたがならず、ただ手をとって泣くばかりであった。涙ながらに私は「国家の禄《ろく》を食《は》んでいるからには国に忠でなければなりません、政府から命ぜられた以上は火にも水にも入る覚悟です、もし命に背いたならどんな禍を招くか分りません」と詐り述べた。母はもとより溺愛のわが子を手離すに忍びないのであるが、しかし重大な国事の前では一途に情にほだされてならぬことは十分弁えておる、とうとう「一身を捧げて国のために尽しなさい」と云ったものの、その後につづくのはただ嘆息ばかりであった。この時の私の苦痛は到底筆をもっては云い現わせない。

老母から許しを得たので、大急ぎで哈達《ハーダ》、茶碗、綢緞《ちゅうたん》など種々贄見《しけん》の品を買いととのえた。西蔵の習慣として、人に会う時には、貴賤尊卑の別なく贄見の贈物をすることになっているからである。

数日滞在して万事片づいたので、一日も早く旅途に上ることにした。時あたかも民国十八年夏のことで、酷熱肌を灼き、道行く人は汗みずくであった。七月二十四日に北京を発って上海に行き、そこから重慶まで直航する筈であった。携帯の荷が十幾つとあって、それの運搬が容易でない。殊に上海へ行く途中、眩暈がし胸が締めつけられるように苦しく、それが次第に昂じて来たので、とうとう途中で下車したが、その時はもう一人歩きは出来ず、人に扶《たす》けられて旅館に入ると、そのまま床の上にぐったり倒れてしまった。一晩中横になっていたが、もう二度と起てないのではないかと思われた。そして、親友にも阻げられず老母の愛にもほだされなかった大望も病気に侵されてははや何とも致し方ない、ああ何たる不運のことであろう、とつくづく無念をかこったことであった。翌日の昼頃医者が診察に来た。暑中りに肺病の気があるから悠り休養しなければいけないと云う。しかし政府の命令は九ヶ月で、旅程は長く仕事は多いのであるから、悠り静養などしている暇はない。せっぱつまって薬を持って行けばいいでしょうと云ったところ、医者は初めはいけないと云っていたが、私の志の極めて堅く生死など眼中にないことを知ると、ほんとに十分御自愛なさるんですよといってやっと許してくれた。私は若い頃北平で数年看護婦をしたことがあり医術に就ては多少心得ているし、それに自分の体質も知っていたので、これは高原の乾燥したところでないと治らぬと思い、結局断乎意を決し前進することにしたのであるが、何分病軀《びょうく》のこととて急には起き上れず、幾度か起きては倒れ倒れては起き、八月一日やっと万安号に乗って西に向うことになった。出発の前、南京や上海に留学している西康の学生がめいめい吾家への品を託しに来た。一人々々としては高の知れたものであるが、数十と集ると大きな荷になる。その真心に感じて拒ることも出来なかったが、相当厄介である。そういえば、出発前一度上海から南京へ行った時、阿珠という西康の女が見送りに来て、汽車の中に乗り込み細々と家の事情を語りなかなか降りようとしない。発車の汽笛を聞いて慌てて降りようとした時は、もう間に合わず、仕方なく彼女と鎮江まで同行したが、こうした事例はすべて康蔵人の心情の真摯、故郷、家、友を愛する念の篤《あつ》いことを示すもので、虚飾の多い内地人には見られないところである。

第二章　国家の大事

乗船したものの船室がない。船が小さく客が満員だったのである。事務室と再三交渉の末やっと買弁《マイパン》夫妻のいる部屋の寝台を一つ譲ってもらい、私は買弁《マイパン》夫人と床を並べることになった。そこで事こまかにその家の内情を聞かされた。彼女の夫は放蕩で月々の収入は尽く費い果すので、彼女が附ききりで監督しなくてはならないのだが、水上飄泊《ひょうはく》で東西所定めぬ日々のことゆえ如何ともしがたいと云って慨《うれた》き、果てはしくしく泣き出すのであった。私達は女同士のこととて大いに共鳴したが、それにしても彼女は夫に食べさせてもらっている、彼女にとっては畠のようなもの、それがなくなることは怖しいことだ。これはもちろん女自身の過ちでなく、家庭や社会がその自立の機会を奪って坐食無用に仕立てたのであって誠に哀れなことである。思えば、同じ狭い部屋で同じ女性であり、私は国事につくし彼女は家事につとめているが、いずれも心中は悶々として憂愁に閉されている。事の大小公私の別はあるが、心煩しいことには変りないのである。

航海中そうした瑣事《さじ》を談り聞くほか、閑な時は欄干に倚り、両岸の景を眺め、群とぶ鷗、游艇の波を蹴って走る様などを見ては、詩意大いに動いたのであるが、文人墨客ならぬ私のこと、残念ながら感懐を叙べるすべもなかった。

翌日下関《シャコワン》を通過した。はるか彼方に城壁が長く連なり、建物が巍然《ぎぜん》として聳《そび》え立っている。今更の如く使命を完うしうるや否や責任の重大なるを痛感したのであった。出発前、予め親友に手紙を出し埠頭に待ってもらい上陸して挨拶し兼ねて南京にも別れを告げようとしたのであるが、意外にも船は碇泊せず、通過の際友人達が手巾を振り帽子を高くあげているのを見たばかりで、身近かで話し合うことが出来ず、心焦ったが何とも仕方がなかった。更に盧山を通る時も、その真の姿を見たいものと思い、前もって人に教えてくれるよう頼んでおいたのであるが、船が九江を通り、山中でないに拘《かかわ》らず遂に見る機を逸し残念であった。ただ白楽天が江州の司馬たりし時ここ潯陽江頭に琵琶を聞いて涙を垂れたという故事を憶い、古今の志を得ざる不遇の文人学士がここに来てはひとしく痛哭するも無理からぬと思った。

更に進んで漢口に到着、幸いこの船はしばし碇泊することになったので、孔《コン》君と二人上陸し市内見物に出かけた。私は南北を転々と旅行したが、湖南、安徽にはまだ足を踏み入れたことがないのである。漢口は市街整然として南京とは比較にならない。しかし残念ながら賑やかな美しい所は殆んど租界で、中国自身の所有に属する所は粗雑で汚く両方を比較すると恥しくなる。ここは純粋に中国式であっていい筈だと思うのであるが、やはり上海洋涇浜《ヤンチンピン》〔租界〕風を脱せず洋化しているとは呆れたことだ。黄鶴楼に上ると眼下に横わる長江の大景観が見られるとのことであるが、時間がなくて遂に上り得なかった。急ぐ旅路のことゆえ、匆々《そうそう》と来ては又去らねばならず、山水を楽しむ清福に浴し得ないのである。

武漢を過ぎると、風景が次第に変り、もはや江南の明秀さは見られないが、渾樸《こんぼく》という点に於て勝り格別の趣きがある。ここ数日間は病気がまだ回復しないので、思うように観賞は出来なかったが、大自然の療養によって、医者が重症であると宣告した肺病も薄紙を剝がすように治って行った。かくて大志大願は確かに一切を克服し得るものであるとの信念を深めたのであった。

進んで宜昌につく。この船は貨物の積み卸しのため、すぐには抜錨せず、一両日はかかるだろうとのこと。我々は閑人ではないのであるから悠長に待っているわけにはいかない。そこで船長に交渉し、船賃の残額を返してもらい、彼の好意によって彝陵号に乗りかえ虁門へ進んだ。宜昌から程遠からぬ所に三游洞あり、蘇東坡兄弟とその高弟の黄山谷が遊んだ跡だというところからこの名があるとのこと、古人の雅興を偲び仰慕の念禁じ得ざるものがあった。

第三章　幽玄怪異

江を溯って船はようやく巴峡に入った。唐人〔李白〕の「両岸猿声啼不住、軽舟已過万重山」〔李白の詩「早《つと》に白帝城を發す」〕の句を吟じつつそぞろ感に堪えず甲板を徘徊した。前に私はここは巫山の両の峯が連り日の光も見えないほど薄暗いと聞いていたので、隧道《ずいどう》のような工合になってるのかと思っていたが、今見ると両岸の山勢は峻しいがそれほどでもなく、両方の峯はかなり離れている。江南人の言葉はどうやら誇張らしい。東南の低い山ばかり見なれた目でこの高い山を見てびっくりしたからであろうが、私たち西陲に育った者から見ると少しも珍しくはない。山の西側の水に近いところに斑点が見える。船員が指さしあれは禹王の鑿《のみ》の痕だと云う。牛肝峡、馬肺峡、兵書峡、宝剣峡などにもそれぞれ何とか曰くがあって、四川人はそれらに就て色々と勿体をつける。西蜀は幽玄怪異を好むと古人も云っているが成程その通りだと思った。兵書峡というのは懸崖《けんがい》の岩の凹んだところに紙屑の束のようなものがあって、木だか石だか見分けがつかないが、どうやら人間が奇怪を好むから従って奇怪な事がいろいろと多いのではあるまいか。峡を出ると灧澦石。蜀人は多く燕翼石と云っているが、音の訛りから間違えたのである。これは四川人の文運盛衰の由って繫《かか》る所であると信じられていて、その一片でも持ち去ろうものなら容赦なく殺してしまうとのことであるが、確かなことは知らない。山腹に白帝城がある。遠くは蜀漢の昭烈帝〔劉備〕が孤児を孔明に託したところ、近くは呉佩孚が戦に敗れ西の方四川に走り寄寓《きぐう》したところで、英雄の故事を偲び暗然たる思いに沈んだのであった。

その後酆都を通った。ここは全国でも有名な変った土地で異常な好奇心をもって探求せずにはいられなかった。人が死ぬと先ずその土地の城隍廟《じょうこうびょう》〔土地神・日本に於ける鎮守社の如きもの〕で裁きを受け、もし事件が重大なものであれば県、省、更にこの酆都へ回附される。即ちここは冥界の京城なのである。伝えるところによると、ここでは午後になるとどこもみな門を閉じる、でないと鬼が交易にやって来て往々人に害を加えるそうである。しかし色々詳しく聞いて見ると、いずれも荒唐無稽なことばかりである。酆都は河に臨み、街としてはさほど稠密ではないが、岸辺には帆船がぎっしり並んでいた。城内に小さな丘があり、頂上に多数の廟が建っている。その最も高いのが天子殿と云って閻羅王《えんら》〔閻魔に同じ。ヤマもしくはヤマラージャ。地獄の裁判官〕の居る所である。四川人はそれを包希仁先生〔宋仁宗の時の開封知事。その裁判は公平無私で閻羅に比せられた。包龍図公案は支那では小説戯曲に編まれ、わが大岡政談の源流である〕だと信じている。舞台の上の包公のあの黒い顔に長い髯を生やした扮装は、五殿の閻羅天子をも後え《しり》に瞠若《どうじゃく》たらしめるものがあるからであろう。毎年七月中〔冥界のお正月〕には、土地の参詣人が極めて多く、数百里も遠方から路々頌神祈願の題目を高く唱えながらやって来ては恭々《うやうや》しく跪いて伏し拝むが、それを別に辛いとも思ってはいない。宗教の人を魅惑する力は実に偉大である。

この外途々見聞したものは、険湍《けんたん》急流の外は別に記すこともない。ただ山々の起伏、樹木の鬱蒼と茂っていることなど一種特別の風情があるけれども、目に触れたところに就て云えば、三峡から上の小県はいずれも甚だ貧弱である。軍閥が蹂躙《じゅうりん》したからであろうか、それとも土地が瘠《や》せているためであろうか。山間の農民は、男も女も熱さを厭わず働いている。皮膚はどす黒く遠くから見ると印度人のようである。その辛労憐れむべく、その勤勉敬うべく、それは到底東南地方の労働者の怠惰なのとは比較にならない。草原には所々に羊が群をなしているのが見え、牛や犛《やく》が走っていたりして非常に西蔵の様子と似ている。故郷を思い心慰められたことであった。

第四章　重慶

八月中に進んで重慶に着いた。ここが江北県と相対している地勢は武昌と漢口が長江を挟んでいるのと似ている。ただ重慶の方は背後に浮図関を控え左に嘉陵江を挟んでいて、険要という点では一段と勝っているように思われる。船が岸に着くと、仲仕《なかし》達が続々と集って来て荷を運び、その元気な敏捷な動作は漢口、南京以上である。上陸して轎夫《かごかき》を雇って荷を運ばせ旅館に入ろうとしたところ〔当時重慶には車がなく、物を運搬するには人夫の肩によった〕、数十円を要求する。それは荷一個の値に近い。仕方なく旅館に電話をかけ迎えに来させ、来るまで岸で待つことにしたが、やがて水上警察の某君の計らいで五元で苦力を雇い、やっと城内に入った。

城内の街は峻しい坂路で、中には斜に数十丈もあるところがある。人家稠密《ちゆうみつ》で狭い場所に一家が集り住んでおり、室内も非常に不潔である。炊事場が同時に便所になっている。南京人は所嫌わず小便をするが、それと兄たり難く弟たり難しである。宿は嘉利賓館と云い、この土地で最大の旅館だそうだが、上海の二三流の旅館並みである。しかし宿泊者は多く顕官連《けんかんれん》であるというから比較的上等なのであろう。内部は楽器の音が入りみだれてひどく騒々しく、妓女がしきりに出入りしている。冗談口によく南京人は誰も彼も大浄《ターチン》〔旧劇の悪人に扮する者の顔の隈取り。紅や黒で塗って汚い〕の役がつとまると云うが、重慶先生だってその点では遜色がないようだ。

旅館を出ると外はすぐ商店街で、重慶商業の中心地である。建物は整然としていて、空を摩するビルディングこそないが、短い軒、円い柱などすべて洋式を模している。全市少数の寂しい横町を除いては殆んど商店街で、全く西南の一重要港たるに恥じない。

四川人は女性に対してすこぶる奇妙な表情を示す。それは尊敬でもなく軽蔑でもなく、単に物珍しさなのである。恐らく私の変った言葉遣いや服装が人々の注意を惹いたのであろう。私は面倒が起ることを惧《おそ》れ行動を秘していたのであるが、それでも道々「女役人を見ろ」「女役人を見ろ」という声が時々耳に聞えて来た。長く滞在していなかったため、当地の教育界の人士に接する機会がなく、知識階級の思想行動に就て知る由もなかったが、ただ観察したところによると、四川人は概して突飛で斬新な点では常に我々の意表に出るようである。

時すでに薄暮、灯火は点々と家々に点り、炊煙《すいえん》は縷々《るる》と立昇っていた。左営街というところを通ると、下半城が見下せる〔重慶は上半城、下半城と分れている〕。煤煙と濁臭が鼻を衝いて息苦しい。重慶では煤球〔石炭の粉末に黄土を混えて造った小さな炭団〕を燃料にしているが、炭酸ガスは重く沈む。住民はこれが身体に毒であることを知らないのであろうか。

翌日劉湘《リウシャン》〔四川の軍閥。四川省主席であったが先年暗殺の噂を残して死去した〕の使者が護照通行証を持参した。それですぐにも出発しようとしたのであるが、劉湘《リウシャン》との会見が手間どって五日間も待たされ、その間臭虫〔南京虫〕にたんまり御馳走してやった。臭虫はその学名は何というのか知らないが、これまた当地の特産で、どこの家でも負けずに繁殖させているとのことである。

第五章　重慶成都間

重慶出発。永川、栄昌、隆昌、内江と陸路を成都へ進む予定である。この道を四川人は中大路または東大路といって北道、南道と区別している。轎夫六名、人夫十六名を雇い私と孔《コン》、葉《ショー》両君を合せて二十五人の多勢である。その頃成都重慶間の馬路は工事を進めていたが、完成した部分はほんの僅かで車は到底通れない、それで轎で行くことにした。私ははじめ蜀の道は険阻で且つ両地は千余里も離れているのであるから、徒歩ばかりで行ったのではどんなに日数のかかることであろうと危惧したのであるが、四川人は健脚で重い荷でも一日百余里ぐらいは平気でかついで行く。重慶を出て最初の夜は壁山県に属する某場（四川で場と云うのは他所での市、集、鎮に当る）に泊った。外観は立派だが内部は非常にむさくるしく、ことに宿屋の部屋は便所と隣り合せで臭気芬々《ふんぷん》としてひどく不快であった。室内に低い寝台があり藁布団が敷いてあるが鉄のように堅く、寝具を携帯しなければ到底泊れる所ではない。ところが苦力たちはその低い寝台さえなく、卓子を並べて床にし、椅子を枕にして平気で寝て何ら苦痛を感じない。ひどいのは地べたに並んで雑魚寝しているが、湿気も汚いもかまわないと見える。宿の壁は一面に落書で埋っている。蜀の地は古来詩人が多く出ているというが、ここにその実証を見たわけである。蕪雑淫猥《ぶざついんわい》極まるものは別として、「人在外面心在家、祇為銀銭走天涯、父母堂前常罣念、妻在房中守灯花」というのなど末の句は一寸不可解だが民間文学の味は十分出ている。又嘲題詩というのがあって、「牆上狗屁多、為何牆不倒、那辺也有詩、想是撐着了」と記してあるが、これはなかなか面白い。（壁に多くの詩が書いてあるが、いずれも拙劣で到底詩とは名づけられない。正に犬の屁だ。その臭気にあてられて壁が倒れそうなものだが倒れないのは、あちらの壁にもこちらの壁にも書いてあるから、お互に支え合っているからだろう――という意〕

私は土地の者で道案内を一人欲しいと思っていたが、隣室の話声でその人が成都へ行くとのことを知り、翌朝庭で会った時訊いて見たところ、彼はひどく羞らって満足に返事も出来ない。だんだん話して行くうちに或る中学の生徒であることが分った。世間では四川の青年はみな軽薄であるというが、必ずしもそうとは限らないようである。どうしても断わるので強いてとは云わず、そのまま出発した。

その後通過した所や旅館などはみな前と同じで更めて述べることもない。ただ奇怪に思ったのは、苦力の口が悪くよく喋舌ることで、講演術でも習ったのかと思われるほどである。お互に荷が軽いの重いのと云い争ったり、近道やまわり道を論じ合ったり、歩きぶりを批評したり、そのほか肩のふり工合、腕の伸ばし工合などつまらぬことまでかれこれ云い合って、盛んに悪口を飛ばす、云われた方も負けていないでやりかえす、しかもそれが一々うがっていて、彼等の頭の働きの鋭いことは実に驚くべきものがある。問答の間には斬新奇抜な言葉を弄ぶ。例えば衣服を飛蛾といい、飯を粉子、箸を滑籔というなどである。他の地のものが聞いてもてんで意味が分らない。蜀人は思いつきがうまく突飛で新しがりやだと云われているが、成程そうらしい。

隆昌から先になると、時々跣《はだし》の女が石炭や薪を背負って道を往き来しているのにあう。年とったものは四五十になるのもいるが、纏足《てんそく》の弊風《へいふう》に染らなかったものと思われる。その後土地の人に聞いて見ると、この両県はもともと大足で有名な所で、女は荷を担ぐばかりか田畑も耕すし、その他どんな仕事でもするという。実に感心なことである。隆昌は元来麻布の産地である。他所では通称夏布《シアプー》といっているが、これは絶対に機械織ではなく、絹織物のように精巧である。内江、資中となると見渡すかぎり甘蔗の畑、橘の林で、実に天産豊かな土地である。更に資陽、簡陽へ行くと、地質が急に変化して来るが、中でも資陽は著しい。所々に禿山が見える。草木もなく、路傍の住民も痩せ衰えている。けれども耕作に勤勉なことは他所では見られぬほどで、野菜の畑、稲田など整然と手を入れてあって雑草一本なく、これを東南各省に比べると、荒れた野道と殿堂との違いがある。この地は生計が困難なところから、労力を売りに出るものが非常に多いが、その労賃は極めて安く、轎を一里舁《かつ》いで僅かに四川の銭で五十文、即ち銀二分にしかならない。十里行ってもまだ一度の飯代に足らないのである。沿道にこうした臨時の轎夫が大勢いる。その轎の形がまた特別で、二本の竹竿を並べその間に籠を懸ける。便利だからであろう。各市鎮には土娼〔私娼〕が多い。旅館が稼ぎ場で特に妓館があるのではないとのこと。日の暮に客が旅館に入ると、大勢化粧を凝らして笑を売りに来る。しかもそれが朝から昼の内は垢面蓬頭《こうめんほうとう》の鬼のような女達なのだから驚く。その値段も極めて安く、洋銀百分〔一円に当る〕は多い方だという。

簡陽を通る。ここは蜀漢の簡雍が旧治地で村人は当時の善政を偲び、今なお牌坊《はいぼう》を立てて記念している。次の日龍泉駅に入る。成都への最後の山である。頂上に登って見渡すと、成都一帯は一眸の下に俯瞰され、丘陵、田畑も手にとるようである。この広大な沃野は未だ曾《かつ》て旱魃、洪水の災にあったことがない、水が涸れると滙県から取り入れ、水が満ちると堰《せき》を開いて流すからで、古来天府の国と云われているが、誠にその通りである。

第六章　成都の風光

山道を行くこと三十里、龍泉駅を出ると平地になる。駅の街は山の裾に倚《よ》っている。ここは成都県に属し戸口稠密、重慶成都間五駅站中の最大なものである。成都への長距離自動車が通っており、車賃も安く旅行には便利であるが、道路の修築が十分出来ていないので凹凸多く動揺がはげしい。頭を打ちつけて怪我をしたものもあり、車体の大きさも標準以下だし狭くて天井が低いから込み合うと息苦しいそうである。近来四川の三大幹線が漸次完成に近づきつつあるとのことであるが、後に出来たものほど前よりは優っているとすれば、今日の四川省の路政も昔日とは比較にならぬわけである。車に揺られて成都の牛市口に着く。ここから省城までなお五里を距てているが、はや家の軒が沿道に連っている。上流人士が外部へ出たり友人を送ったりする際袂《たもと》を分つ地点で、それ以外のことは何も知られていない、よって牛市口の如き人材と云う嘲弄の言葉があるとのことである。蜀といわるるこの地は地味豊沃、それが清秀なる風光と相俟って人間を怠惰無為ならしむるのである。

東闕に進むと、ここには散花楼というのがあって秦の時代に建てられたものと云われているが、いずれ出鱈目に決っている。城門はこの地の交通の要衝だけあって、それに一つは成都には城門が少いからでもあるが、ひどく混雑している。すぐに暑襪街のパンチェン弁公処に行き父に会う。父は阿旺敬巴《アワンチンバ》氏の下に長年勤務しているのである。一目会うや、悲しさと嬉しさと一度にこみ上げて来て、挨拶をする暇もなく、懐にすがりついて辛苦を訴えたのであった。父は私の髪を撫でながら、

「お前は何という分らずやだ。四方に使して使命を完うするなどということがお前に出来ることか。儂は老先の短い身だ、もし不幸があったら、お前は両親を遺すことになるが、それでいいと思うか」と云う。私は答えた。

「父上のお言葉ではございますが、政府は今康蔵を綏撫《すいぶ》しようとしています。他の人は困苦を厭って進んで参ろうとしませんが、私達西蔵人は命を受けた以上拒ることは出来ません。私は愚かさも顧みず生死に関わる旅に上りましたが、事の軽重についてはもとより十分考慮しているつもりです。果して私の一命を捨てて国家の役に立ち得ましたならば、父上とても当然応酬を得らるることでありましょう」

するとと父は涙を揮《ふる》って私の言葉を聞き届け、「では止めまい。お前の成功を見ることにしよう」と云った。

パンチェン弁公処の同人は私のため、役所の中に宿所を提供してくれた。

翌日劉文輝《リウウエンホイ》軍長〔四川の軍閥。二十四軍長。西康省建設委員会主席〕と旧将軍衙門で会見した。建物は昔のままで少しも模様替えをしてない。外側の客間で暫く待った末、案内されて一番端の応接間で会見した。政府の紹介状と個人から委託された書信を手渡すと、やがて履歴を問い大に賞讃したが、心中すこぶる私の挙動を軽卒なりと思っているらしく、

「若い者がとかく血気に逸りがちなのは世間を知らぬからじや。康蔵は蛮地じやが、君はそんな所へ行って平気かな」と云う。私は答えた。

「何事をするにもその成功には多くの犠牲を伴うものですが、私はその犠牲の一つとなり社会の人々の覚醒を促したいのです。それに人にはそれぞれ出来ることと出来ないことがあります。私は辺境に育ってお

ります から蛮地を踏破し異民族の中に入って行くことは私に出来ることですが、内地におりましては何事も為し得ず、それでは国のためにも自分のためにもなりません、ですから志は極めて堅固です」すると劉氏は微かに頷《うなず》き、護照を与えるまで当分待っているようにと云った。

この日、南門を出て諸葛武侯の祠に詣った。杜甫のいわゆる「錦官城外柏森森」（「蜀相」）というところ。廟宇は新しく塗り変えられている。劉禹九《リウユーチユー》（四川の軍閥。名は成勲。一九二一年より四川督軍兼省長。二七年劉文輝《リウウエンホイ》に敗れて下野）が四川の督軍時代に修復したのだそうである。彼は劉備の何代目とかの後裔なりと自称して、廟を修理し祖先として祀ったのである。境内には古柏が聳え立ち、立派な碑が立っており、池水の配置、廟内の浄几など極めて優美である。また昭烈帝（劉備）の陵もある。四川省中随一の古蹟である。ところで肝腎の孔明はずっと後殿の方に引込んで、方士（神仙の術をなす道士）の服装をし羽扇を持って厳然たる一個の巫士となっていて、それに占いを請いに来るものが多い。つまり孔明が先見の明を有していたためであろうか。

城内に戻って暫らく休息してから、友人と一緒に四川の芝居を見物に行った。私は北京、上海の雑劇はいずれも大に愛好していたし、蜀の劇はまた格別な風格があると聞いていたので非常に期待していたのであった。街の中を数ヶ所曲り一つの混み入った横町に入ると忽ち鐃鼓《どうこ》の音が喧《かまびす》しく鳴り響いて来る。余りの騒々しさに清賞の気分を失ってそのまま引返そうと思ったが、そうもならず入って見た。舞台の上では紅や黒に隈取った役者が出入し、殆《ほと》んどチャンバラばかりだ。その表情や唱《うた》い振りがまた拙劣極まるもので、一人が唱い出すと楽師が一緒になって唱い、どうかすると言葉が聞き取れないこともあり、発音の好し悪しを判断するどころではない。女に扮した役者は殊に奇妙な扮装で、高い髻《もとどり》に短い衣裳、褲《ズボン》が長い上に踵の高い靴を履き、その歩き振りと来たらふらふらでまるで旧時代の女のようで、最後まで私にはさっぱり合点が行かなかった。

翌日鄧錫侯《トンシーホウ》（一九二四年四川省長。国民革命後も軍長を歴任、四川方面の討伐に当った）と会見することになっていたのに他の用事で出来なくなり面談はしなかったが、彼の方からは使を寄こして羊肉と酒を贈って来た。その日杜甫の浣花草堂を訪れた。いわゆる「肯与隣叟相対飲、隔籬呼取共伝杯」（「客至」）と云うのはここである。今では草堂と寺とが一緒になり、堂は左の隅に寄っている。何紹基（清代の名書家）の「錦里春風公占郤、草堂人日我帰来」の一連が懸っている。これによって寺は正月七日を開帳日としている（人日は正月七日の異名）。築山や亭などの配置まことに雅趣豊かであるが、果して杜公の住んでいたのがここであったかどうか。門を出ると左側に浣花夫人（西川節度使崔寧の妾）の祠がある。唐の節度使の妾が敵を防ぎ城を守ったという遺跡であるというが、ならば私と志を同じうしているわけである。

第七章　当炉と当壁

成都を発して南へ。老父とパンチェン弁公処の人々の見送を受け涙を抑えて旅途についた。簇橋〔又の名を窄橋。今の溜筒橋の類で、思うに昔ここに深い谷や広い沼があった、今は平坦、広濶な大道となっているが、山陵変化し僅かにその名が残っているのであろう〕〔峻岨な谷間に架った青竹製の橋で往復二道、いずれも高きから低きに斜になっている。溜筒という馬の鞍のようなものに乗りその上を辷《すべ》って渡る。索橋とも云う〕を過ぎ双流県に入る。この地は成都から僅か四十里、産米豊富、住民清秀で文人学士多く輩出し、楽善堂教主の劉止唐《リウチータン》の故郷である。元来四川の同善社には彭致中《ポンチーチョン》派、劉止唐《リウチータン》派、唐煥章《タンホワンシャン》派の三大派があるが、中でも彭《ポン》派の勢力最も大で中国の各地到る所に支部があり、遠く新疆、青海にまでも及んでいる。ある人の統計によると、基督教教会の数にほぼ匹敵するとのことで、国民党地方党部はこれに比べると遥かに少い。その内容はすこぶるいかがわしいもので、仏教でもなければ、道教でもなく、三教合一と称し、自ら聖人を以て任じている。唐《タン》派は糞穢を雑食するところから世に喫屎教という。ある年、中秋節に天地混冥すると予言したため全国の民心動揺したことがあり、呉稚暉先生〔名は敬恒。国民政府の要人〕が大いにこれに筆誅を加えた。彼の文集に見えている。今日劉《リウ》も唐《タン》も死亡したが、彭致中《ポンチーチョン》のみは不死の賊として今なお永川に居住し絶大な勢力を保持している。四川の軍閥は殆んど彼の門下から出ている。外遊するたびに巡狩と称しているが、その際は人々が跪いて礼拝する。甘某、雷某等四人の高弟があり、東西南北四聖人と号し、いずれも民衆をたぶらかし巨万の富を積み我利独善を恣《ほしいまま》にしている。国民政府が南京に移って後、命令をもってこれが禁圧に努めたため、勢力やや衰えたようであるが、四川ではその活動なお依然たるものがあるという。このことは帰京後四川出身の一友人が私に話してくれたので、その内幕を知ったのである。双流に劉止唐《リウチータン》の読書した家と称するのがある。大通りの傍にあって通りがかりに望見することが出来る。劉《リウ》は前清の儒生で「五経恒解」なる一書を著しているが、その解釈は虚妄に満ちたものである。

更に五十里行き新津に達する。三度河を渉ったが、今にも波にさらわれそうであった。諺に新津渡過ぎ難しとの嘆があるが、宜なるかなと思った。秋が過ぎ水が引くと、流れが三つに分れ木橋を架けることが出来るそうであるが、今は合して一流となっている。城内の街はなかなか繁華である。もと劉禹九《リウユーチュー》がここに駐在していた頃、鋭意経営に努め遂に小成都の名を得たといわれる。

また九十里進んで邛崍に達する。世に艶名を謳われる司馬相如と卓文君が赤貧のうちに酒店を開いて共稼ぎをした所、現にその遺跡がある〔漢の文人司馬相如は卓文君と恋に陥ち女の親が許さぬので成都に奔り更に臨邛即ち今の邛崍に赴き女に酒家を営ましめ己は褌ばかりの裸になって雑役に従事した。文君当炉とて有名な故事である〕。この地は竹の名産地で、その竹は節多く芯が堅いので杖にするによい。従って扶邛、呼邛〔杖をつくという意〕などの句があり、ついに文人の慣用語になった。また茶と土布を産し西康、西蔵に売出される。炉城五属茶幇〔幇は同郷人の同業組合〕の一である。伝うるところによれば、漢以前邛崍より西はすべて蛮夷の部落で、従って民国元年ダライが独立した時も邛州を四川と西蔵の境にしたという。風俗純朴で貧富貴賎の別なくみな粗布をまとい、婦女は頭に幅一寸ばかりの白い布を巻いているのが美しく見える。

黒竹関、百丈関を過ぎ八十里にして名山県に達する。県の西方十五里に蒙山がある。頂上に仙茶の樹が七株あり、その葉を湯に入れると蒸気が立昇りそれが鶴の形をしているという。前清時代にこれを朝廷への貢賦にしたところから一名貢茶という。普通の茶も産し邛州と同じく五属大幇の一である。〔五属は邛州、名山、雅安、滎経、天全〕

二十里行くと金鶏関に至る。盗匪出没の地である。沿道極めて荒涼、人家は殆んどないが、所々に阿片店があり、飯はなくとも阿片ならあるという有様。苦力で阿片を喫まぬものなく、一里行っては一服する。乗客が長く待つ迷惑を慮って店の主が予め焙って軟かくした煙粒〔阿片は固い粒を煙灯で焙り軟くふくらまして吸う〕を店に備えておいて、壁の穴に煙管を通して苦力に立ったままで吸わせる。それだと一息に吸い終える。その格好が大そう滑稽だ。炉に向って酒を沸かすのは雅人〔前掲の卓文君を指す〕であるが、壁に向って阿片を吸うのは俗骨である。

第八章　独り瀘を渡る

雅安県は旧称を雅州府と云い川南の首邑で、前清の両道台〔道台は府県を監督する清朝の地方官〕がここに駐在していた。四面山に囲まれ、城は釜の底に在るようである。ここから官渡をわたる。古の名を平羌江という。昔諸葛孔明がここで雅州の諸蛮夷を平げたのでこの名がある。茶店に永裕昌、余孚如、夏永昌、義興等あり、みな著名である。民国十六年二十四軍〔即ち劉文輝《リウエンホイ》軍〕がここに転運総局〔転運は運送の意〕を設置し、軍米を専運した。西康駐屯の兵卒は土地のツァンバ〔大麦を炒って作った康蔵地方の主食物〕に慣れずどうしても白米でないといけないので、沿道に分局を数ヶ所設けて局長は駐軍官をして兼任せしめた。各地の住民は婦女子に至るまで米を担ぐ義務があるが、労賃を支給されぬばかりか、反って米一袋を処罰に備えておかねばならない。というのはそれを運んで行く先々で必ずその重量をはかるのだが、監督の下役人が目方不足などと難癖をつけた時に、その米を賄賂に出して罰を免れるためである。

成都から雅安までの道路は尹昌衡《インチャンホン》〔第一革命後成都の兵変を鎮圧して功あり、四川都督に任ぜられ、一九二一年川辺鎮撫使を兼任した〕と劉禹九《リウユーチユー》と二度の修復によって平坦になり交通も以前よりは便利であるが、雅安から炉城までは山岳重畳、行旅すこぶる困難である。沿道は茶の袋を担いで行くものがぞろぞろと続いている。一袋の重量約二十片、壮者になると十三、四袋も担ぐ。老人や子供は僅か四、五袋、ひどく苦痛らしく数歩歩いては一息している。一日に僅か二三十里しか歩けないそうである。五属の輸出総数は年八百余万片、価格約三百万両、康定の茶税年十一万両と規定され、その徴収法は質によらず量ではかり、百斤を一引とし一引毎に二両を課税する。近年四川、西蔵間に紛擾《ふんじょう》が起り、その間印度茶の競争もあり、茶商の倒産するもの続出しつつあるとのこと、まことに憂うべきことである。

更に進んで滎経県。ここは昔の孟県で附近に古城あり、孟獲〔諸葛孔明と戦った南蛮の酋長〕の捕えられたところである。前に通った高橋関にも七縦河というのがあった。七たび孟獲を擒《とりこ》にし七たび逃がしたという故事に因んだのである。城の西方に唐の節度使李徳裕の籌辺楼があるが、今は東嶽観と名が変っている。この地は竹が多く上等の筍が出る。また姜公興、藍鴻泰等の茶商は西蔵にまで名を謳われている。

四十五里にして黄泥舗に達する。大相嶺〔丞相嶺〕を越える。諸葛孔明を記念したものだとのこと。山は険しく、昔蜀に乱が起った時、李華亭が郷勇〔地方民によって組織した兵〕を率いて張闖をここに防ぎ七たび戦い遂に入るを得ず返らしめたという。俗に孔明が山上で蛮夷と競射をし、彼はひそかに人に命じ矢を炉城の城壁に挿しておいたので、蛮民はその強弓に恐れをなし畏服して侵犯することをやめたという。峠に立つと、四方の山々が見下され、低きは丘の如くいわゆる「一覧衆山小」〔杜甫の詩「望嶽」の一節〕である。

清渓県に進む。この地は大相、飛越の二山に挟まれ、城市は寂しく農村のようである。地勢が高いため風が強く夕暮になると行人が絶える。城を距《さ》る二十里に漢源街がある。蜀漢の漢源城であり馬岱が守護していたところ。建昌大道を通る。清渓の中心街である。飛越嶺に登ると大相嶺よりも一層峻嶮で一年中積雪融けず、見下すと層雲あり、あたかも九霄に在るが如く、晴天の日にははるか成都までも見渡される。山を下ると西康の地。瀘定県に入ると、「五月渡瀘処」と記した大きな碑がある。県には城郭なく、大渡河と韋駄山の間に民家数百戸あるばかり。県公署は河に臨み、そこに鉄橋が架り、長さ三十丈、幅九尺、康熙年間に架設したものである。県公署の背後韋駄山は観音山と相対し、両方の岩がちょうど人体の一部に似ているところから庶民も役人もこれを礼拝する。淫祠は堅く禁じなければならない。県内は気候温和、土地肥沃、産する麦、茶、野菜等は全県に供給するほか打箭炉《ダーチエンル》にまで搬出される。田地はよく拓けているが、惜しいかな、大半はフランス宣教師に買収されている。瀘定橋をわたり大渡河に沿って西進すると、道路は狭く峻しく、左は断崖、右は深谷、うっかりすると青く渦巻く波に呑まれる。ガス溝を経、頭道水、二道水、三道水を渡る。頭道水の上手に瀑布があり水煙虹を描き、雷のような音をたてて落下している。果親王が曾て詩を作って讃したところである。その夜炉城に入る。

第九章　女だてらの政談

八月の末瀘定橋に着いたのだが、ここから康定まで二日足らずの距離、或るラマ教会が私の行動を阻害しようとしているとの噂があり、これを聞いて随行者は出発を延ばすように勧めたが、私は別段気にもせず勇を鼓して前進し、二十七日に炉城〔康定〕に着いたのである。打箭炉《ダーチエンル》という名は、諸葛孔明がここで箭《や》を打ったからだというが、歴史を徴するに蜀漢の時代は南征したのであって、西進したのではない、康定まで彼が行ったかどうか甚だ疑問である。古書には、打箭炉《ダーチエンル》は旧土司〔明、清時代辺境に蕃族を宣撫するために置いた世襲の地方官で、今でも西康、雲南、広西等に残っている〕の名であるといい、またこの名は西康の古音古義であるとも云うが、今はいずれも根拠とすべきものがない。この地は西康の東端で、四川西康の境にあり、三山囲繞《いじょう》し地勢偏狭、急流その中を貫き、岩にくだくる水の音は終日轟々と鳴って止まない。漢人が多く、中でも四川人が多い。境を接しているためであろう。家屋の建て方など、純然たる内地式で、遠くから見ては、深く辺境に入って来ていると思えない。河には木橋が四ヶ所架っているが、その一つを将軍橋といい、他は上、中、下の三橋で、いずれも市内交通の要道である。康定は早くから四川康蔵間交通の要衝に当り又青海、甘粛の商品の必ず通過する所でもあり、全西康の政治経済の核心をなしている。従来西康統治の最高長官がここに駐在していたことによってもその重要性は知られるであろう。ただ惜しいことに、地が東の隅に片寄っていて全局を見ることが出来ず、今日の如き局部的安定という情勢を馴致《じゅんち》した。陳遐齢《チエンシャリン》に就ての西康人の批評は、彼は数千の兵力を有し、その指揮下に在る軍民も相当数あり、少くとも自ら守るには十分なるに拘らず、西蔵兵に国境を侵され遂に二十余城を失ったことは、株守の過を免れないというに一致しているようである。なるほど陳をして進んで巴塘《バータン》に駐し、西康の中心に拠り、南北両道を左右の手の如く動かしめ、しかる後、自ら力を養い、人才を育成し、地を拓かしめたならば、西康は今日の如き紛乱の状態ではないであろう。現在康定に駐在している最高機関は西康政務委員会、主席は龍邦俊《ロンパンチュン》で、四川軍の劉文輝《リウウエンホイ》から派遣されたもの。その次が某旅の旅部で旅長は馬庶凡《マーシュファン》、所属は同様である。その下に財務統籌処、知事公署、団練局〔壮丁を教練するもの〕等があり、すでに大体の目鼻はついているようだ。学校には国務学校及び両級小学校数校あり、その経営は大体内地と同じである。規模、組織に不備の点が甚だ多いが、地勢の偏していることでもあり、責めるに足らない。もと師範講習所というのがあったが、のち満期になったので閉校した。継続して開校する希望があるとのことであったが、今日果して復活したかどうか。

普通の西康人は知識に対しての要求はないけれど、と云って文化がないと云うわけではない。民間には極めて美妙な歌曲あり、ラマには深玄な仏理あり、絵画彫刻に至ってはその精妙たぐいなく、遠く野蛮人の及ぶ所ではない。思うに現代のいわゆる教育なるものは、大にしては精神の陶冶に役立たず、小にしては耳を娯《たの》しましめ目を悦ばしむるに足りない。辺境の住民とてかかる貴族的な装飾を要求しないわけではないが、内地では駸々《しんしん》としてこれに侵されている。

康定附近は麦、棉、茶、米、薬材等を産し、土地の生産力は大である。ただ惜しいことに耕作の方法が未熟なため収穫の量が極めて少い。茶は清の時代に定制あり、四川が一手に利を占めていて、関所を設けて厳重に取締り、茶の木や種子を携帯して行ったものを処罰した。そのために西康、西蔵には殆どこの種の植物がないのである。然し茶を喫むということは、康蔵人の唯一の嗜好で、殆《ほと》んど飯を食うに等しく一日でも欠かすことは出来ない。彼等の飲量の多いことはおどろくほどで、平均一日一人当り十六、七杯飲む。私は曾てこのことを陳氏に質問し、どうしてこのように需要が多いのであるかと云ったことがある。氏の答えによると、康蔵の地は高原で乾燥し寒気が厳しい、常にこの汁を飲めば渇を医し体温を増す。しかもこれを飲むのは、ただ清水で煎じるのではなくて実は牛乳や食塩と混ぜて飲むのであるから、空腹を充し、胃を調えることにもなる。それから又食物は多く大麦を蒸し炒って粉末にしたツァンバであるから、水や乳で煉って塊にしないと食べにくい。その飲量が多いと云っても、内地で始終吸物を啜り、茶を飲んでは菓子を食うその量と余り違いはしないではないかと。私はこの言葉を聞いて思わず啞然とした。陳氏は更に静かに次のようなことを云った。四川の茶は今日税が高すぎて輸出に不便である。四斤の価格（康人はこれを一甑《ズオン》と云っている）一円から三、四円で、以前の数倍になっている。康蔵人にとってはこれは非常な痛手である。しかも時々四川に政変あり交通杜絶し、高価を以てしても手に入らぬことがある。そこで私は陳氏と二人で戯れに康蔵両地の毎年の消費量を約七百二十万として、人口総数一千万として平均して見たところ、一人一日茶代が二分という勘定になった。内地から見ると、これは極めて少いようであるが、康蔵人としてはその負担は決して軽いものではないのである。近時英人がこの利権を獲得しようと極力印度に茶を栽培し、年々西蔵へ移入する額は莫大な数に上っている。もっとも西蔵人の長年の習慣から四川の茶でないと喜ばないので、英茶の売行は捗々《はかばか》しくない。と云って、習い性となれば今まで嫌いであったものも好きになることもあるのであるから、西蔵人はいつの間にか英人のために骨の髄まで吸い取られ、四川省の多数の茶商も坐死することにならぬとも限らぬ。国民はこの点十分考えなくてはならないと思う。

第十章　回教会

この地の回教教会で、私がやはり回教徒であると聞いて［彼女の父劉栄光（劉華軒）は漢族にルーツを持つラサ生まれのイスラム教徒であり、彼女もその流れでイスラム教徒である］、是非一場の講演をしてくれと云って来た。一行の中には、私に対して心よからず思っている某教会がこの教会と関係があるから、そこで講演なぞやっては碌なことにはなるまいからと止めるものもあった。しかし私は一個のか弱い婦女子、別に私怨があるわけでもなし何も恐るることはない、そう思って単身教会へ出かけたが、果して何の異状もなかった。講演に於ては、各宗教を比較説明し、最後に回教の漸次衰微しつつあることに論及し、これが原因は回教そのものに欠陥があるのではなくて、教徒が教理研究を怠っているからであり、時代の大勢に疎いからである、宜しく回教は現世に対する逃避的態度を捨てて社会の福利を計るべきである、と述べた。それは多数の賛成を得たがこれによって見ても回教徒の既に覚醒の状態にあることが分ると思う。

宿舎に帰ると、馬庶凡旅長夫人からの招待状が机上にあり、翌日又使を寄こして催促されたので、招待に応じて行った。その席上、馬氏に会い、烏拉《ウーラ》［人夫のこと］の派遣を乞い、沿道の保護を依頼した。すると馬氏は、西康は至るところ盗匪出没し、公務を帯びた官吏でさえも往々掠奪に遭うのであるから、護衛の兵が少くては役に立たない、と云って多ければ費用もかかる、小者を間道からダライの許にやるからその許可が来てから出掛けるがよかろう、それまで康定で待っていたらどうか、とこう云う。私はその好意には感謝したが、私自身一個の小者である、政府も私に対しては貴下と同じ考えである、しかし私は生命は惜しくない、実は劉文輝氏《リウウエンホイ》が人を派し省城から保護されつつここまで来、少からず御厄介になった、しかしこれから先は如何に彼の勢力でも到底及ぶまいし、また実際これ以上御面倒をかけたくない、と云った。席終って人に頼んで民団に衛士を送ってもろうようにしたところ、幸い望み叶って八人の従者を得た。

次いで、母の云いつけに従って外祖母の黎氏を訪れた。私の母は元来西康人で故郷に対し常に気をかけていた。外祖の家は長いことおちぶれ、知るものが少い、それで方々探したけれどとんと分らない。最後に自分で昔いた折爾披《チルポ》なる居処へ訪ねて行ってやっと目的を達した。門を入ると、外祖母が杖をついて庭を歩いていた。年をとって眼が利かず、私の方を見ても分らぬ様子。私は進みよってその肩に手をかけて来たことを知らせ、今までのことを話した。すると外祖母は、嬉しさの余り声もたて得ず、夢ではないかと私の手を堅く握り、それからゆっくり私の頭から足の先まで撫でまわし、

「お前の写真は今でも私の部屋に飾ってあるよ、あの頃は身の丈が私の杖の半分もなかったし、鬢《みずら》を両方に垂らし西蔵服を着て、それはそれは可愛らしかったが、まあ今見ると大きうなって私と同じぐらいだし、それに鬢もない、身なりももとともちがってるじゃないか」と云う。

「だってあの写真は九つの時西蔵で撮ったもので、もうあれから十何年もたっていますよ。子供だって大人になっていますわ。そんなに長い時の経ったのがおばあさんお分りにならないの」

するると祖母は暗然として、

「まあ私は年をとって呆けちまったんだよ。年中家の事にあくせくして夜の明けるのも日の暮れるのも分らないくらいだもの、年のたつのなんか分るものかね」と云う。

私は彼女をつれて宿に帰り、毛皮の服やその他色々の贈物をした。彼女も喜んでくれたが、母が私と来ているものと思って何度も会いたいと云い、そのたびに云い聞かせねばならず、一家のものがみんなばらばらに苦労していることを思いつい悲しくなって喜びも半減するのだった。数日後別れる時彼女は涙を流し、「帰りにもきっと康定に寄って私を都へつれて行っておくれよ」と云った。

第十一章　憐れむべき人々

西康人の云い伝えによると、炉城はもと明正《ミンチョン》土司の属地で、極盛の時代は城内に一族四十八家もあった。今の四十八家鍋荘というのがそれである。領地が広いから従って収入も多く、西康中で徳格《ドーゲ》土司を別にしたらこれに比肩するものはなかった。この徳格《ドーゲ》土司の方は今でも一族の子孫たる一家が存し、ワスチャオと云い、恐らく境中第一の富豪であろう。現在旅館を営み非常に繁栄している。先年焼打に遭ったが、今日では原状に復している。これに反し明正土司の方は勢力衰えて一族四散し昔の俤《おもかげ》を止めていない。明正土司の支配していた地域はもともと四川との接壊地帯であったので、趙爾豊《チヤオアルフオン》都督が西康を接収した時、真先に職を免じた。以来平民となり、しかも世渡りの道に疎いために私産を蕩尽《とうじん》しすっかり零落してしまった。連科、連芳という二人の子があったが、後いずれも若死した。土司没落の一例である。又一説に、明正は実の姓は果と云い、果親王の後裔であるが、兄弟仲違いして遂に姓を甲と木とに二分した、現に金川地方〔四川に在り〕にある木土司というのがそれだといわれている。しかし果親王は清の皇室で西蔵に使いしそこに留ってはいたが、果の字は封号で姓ではない、従って果の字を割いて二つにしたなどというのは出鱈目である。にも拘らず甲、木二氏はそう信じて疑わないというのだから可笑しなことである。

康定には種々の宗教が雑然とあり、世人は此処を教派の陳列室と云っている。寺院にはダライに属するものもありパンチェンに属するものもあり、ちょうど政党に左右の両派があるようなものである。城内に昂取寺があり、ダライの支配下にあるが、内部の職僧は全部前蔵〔ラサのダライラマの支配下にある東部西蔵〕の派遣したものである。南門外に難母寺というのがあるがこれはパンチェンを崇仰している。その他、大吉札寺は紅教〔ラマ教の一宗派。ツォンカパの黄教〔ゲルク派、ダライラマを擁する〕に対し、それ以前を紅教〔ニンマ派〕という〕に属し、山間の薩家教小廟はいわゆる黒教〔西蔵の土着宗教ボン教〕に属しているという有様である。ここのラマ僧はすべて恒産《こうさん》なくまた自活出来るものが少く、多くは旅人に頼って生活費を受けている。西康人は旅に出る時或いは通過した所では必ず祈禱し厄払いをしてもらい、その謝礼として供養をするから、ラマもこれによって生活しているのである。然し恐らく将来旅行に際し神に祈る濃度が減じ、或は一層不信任が加わるであろうが、その時こそこの大群のラマ僧の生活問題は実に憂うべきものとなるであろう。

さて次に西康西蔵間の巨商ドチュランケ氏を訪問した。騾馬《らば》を買ってもらい道案内を依頼するためであった。まだこの時は昌都を過ぎるまでは自分が国民政府の使者であることを明言しまいと考えていたので、女商人に身をやつして間道沿いに行った。門を入って見ると、彼はちょうど召使達と卓子に向って麻雀をやっていて、紅中《ホンチュン》とか白板《パイパン》などという声が部屋中にひびき渡っていた。私は彼等は漢字を知らないと思っていたので、突然その発音のはっきりしたのを聞いて、おや、近頃は少し学問するようになったのかしらと不思議に思い、そのわけを訊いて見たところ、人から口授され自然覚えたので、他の事になるとまるっきり意味がわからないのだと云う。そして、自分の好きな道は苦労しないでも覚えられる、幾日かいじり、二三ヶ月も練習しているうちにたちまち巧くなってしまうと云う。聞けば、西蔵人もこの遊戯を愛好し、東隣の日本や西の欧米と同じように流行しているとのこと、中国文化の遠方にまで及んでいるのはこれがその著しきものであろう。西康西蔵人が博奕道具として最も普通に用いているのは牌九〔竹製であるが麻雀と異り文字や模様がない。田舎で多く用いる〕と骰子《さいころ》であるが、これもその道の兄貴分〔支那〕から習ったものらしい。彼の席に西蔵貨幣が数枚あったが、その大きさ厚さなど大体内地の五角銀貨に似ている。これは宣統年間成都で鋳造したもので、中に廃帝の小像が画いてある。重さは三十二匁、円以下に一咀《チュ》二咀の別があり、一咀の値は一円の四分の一、即ち銀八分、丁度内地の双毫銀角〔二十銭銀貨〕一枚強に当る。二咀はその倍。咀というのは単に名のみで、事実そういう貨幣があるのではない、それゆえ一円を二つに割いてその数に当てるのだが、奸商になるとその際一枚から少しずつ削りとって小利を貪る。陳遐齢《チェンシャリン》が曾てそれらの奸商を捕えて死刑に処してからその風はやや止んで、今では一銭が銅円の千三四百文に当る。康定の幣制は非常に複雑で、雲南の鋼板〔大洋五角にあたる〕もあるし四川の半円もあり大円もあるので、旅行者は銭を扱うのに非常に頭を悩ます。ドチュランケは生来おとなしく、康蔵の習俗を脱せず賭博に溺れている。惜しい事だと思う。外へ出て見ると康北人らしいのが大勢、華美な服装をして往来を歩いている。孔《コン》君に訊いて北路の商人であることを知った。彼等がことさらに美しく着飾っているのはそれによって商人を信用させてうまく金を借りようという目的から来ているらしいが、その他の生活は非常に粗末だそうで、つまり四川の俗諺に云う繍花枕〔外見のみ美しいこと〕の亜流である。市井の子供達がもの珍しげに後を尾けるなぞまるで欽差大臣《きんさだいじん》〔皇帝の全権委任による臨時の官〕かなんぞを見るようだ。まことに滑稽であり且つ不快であった。

第十二章　これはこれは！

騾馬や人夫の準備が出来たので、十月六日の正午炉城を出発した。親しい人々が大勢見送ってくれたが、中には私の見知らぬ人も混っていた。出発に際し、母方の叔父の黎良才に同行してもらうことにした。彼は故事に通じ地方の情勢に詳しく、相談相手としてよく又執事としてよいからである。他には団丁数名が外衛となり一行人畜共に二十余、道中すこぶる賑かであった。まだいくらも進まぬうちに、小さな山を越え仰郷寺の活仏に会った。遠くの方から見た先の尖った黄冠を戴きだぶだぶの衣を着た彼の姿は飄々として脱俗の風があった。烏拉《ウーラ》達は一同彼の前に進み帽子を脱いで、手でその頭を撫でてもらった〔道で大ラマに遇えば必ずその手で頭を撫でてもらう。厄除けになるという〕。彼は私のためにも頭を下げたので、私は儀式通り礼を返し、私の行程に就て問うたに対しても、一々答え、しばらくして別れをつげた。

この晩、折多山《チート》の麓に宿をとった。行程僅かに四十里、出発がおそかったし、別れに際し心悲しく道中欝々としていたためである。宿った処は牛商人の家で、薪を拾って茶を沸かし、内地式の麦を煮て食べた。一座の某君これはうまいと云ってつい続けざまに数杯食べた。良才叔父が呆れて見ていたが、やがて徐ろに昔話を語り出した。「昔ある人が人を集めて会食をしたがの、食べ物がどれも大そう美味いんじや。ところが主人だけは反対して、どうも不味い、もっと塩気をつけたがいいと云ってな、鉢に入ってるだけの塩をみんな入れた。するとみんな舌をぴりぴりさせて手を出さなかった。今日もどうやら塩がいるらしいな」聞いて一座大笑いに笑った。夜になると、旅行用の床をこしらえ布団を敷いて、寝に就いた。牧人達は、私が一束の木片を伸ばして大きくし人が入れるようにするのを見てびっくりし、そのわけを知りたがり、もう一ぺん元のようにして見せてくれという。そこで私は詳しくその構造を説明し、注文通り、伸ばしたり縮めたりして見せたところ、みんな大喜びでこれは面白いと云う。昼間孔《コン》君が私に、旅行中は出来るだけ身なりを変えて人の注意を避けた方がよい、女が漢人の服装していては馬に乗る場合見っともないという。珍らしいものが奇怪に見えるのは人情の常である。

第十三章　完全な西蔵式生活

折多山《チート》を越えた時は、非常に寒いので、孔《コン》君の云いつけ通り、漢服の上から純西蔵式の大きな皮衣を着た。袖が深く腰がひろく、丸々としてまるで雪達磨のようで、動作に不便を感じたが、慣れないためである。今では西蔵式の大氅《ダーチャン》〔毛皮の衣服〕を着、地べたにあぐらをかいて蔵式の茶を飲み、全然蔵人の生活をするようになった。次の朝荷をととのえ悠々と出発した。道路広く平坦で屈折少く、両側の山々は褐色に或いは淡緑に彩られ、さながら油画のように美しい。大体この山間は森林少く、山の色も土質によって違い、形態も変っているのである。ただちょうど秋の初のこととて吹く風も物寂しく心むすばれ、何かにつけて感じやすく人恋しくて、わけもなく哀しくなる。馬上涙せきあえず、遂に馬を下りて徒歩で行くこと一里余、風景も見飽き、疲れを覚えたため哀愁の方もお留守になった。歩きながら人夫たちの歩くのをよく見ると、みな精力強壮でその足の早いこと、高い山でも深い谷でも、少しも疲れない。内地の轎夫《かごかき》や人夫どもが、数里行っては必ず阿片を一服するのと比べると大変な相違である。午後四時東臥落《トンゴーロ》について宿泊した。二日たてば国慶の佳節〔十月十日即ち双十節〔中華民国の建国記念日〕〕、思えば去年のこの日は親しい友人たちと盛会に列した。今は塞外孤征《さいがいこせい》、感慨うたた無量であった。この日夕方雅江についた。別名河口《ホウコウ》と云い、蔵人はニャーチューカと呼んでいる。友人の紹介状を持って曹剣侯君を訪問した。生憎曹君は外出していて、曹夫人が迎え、歓待の至りを尽された。まもなく曹君が帰って来たが、旧知の如くうちとけ、夜半まで語りあってのち寝に就いた。

烏拉《ウーラ》を交替さして次の日雅江をわたった。曹夫人らが渡しを渡って遠くまで送ってくれた。雅江は河自体はそれほど広くないが、流れが非常に急で、いまだに橋がなく、皮船にのって渡る。しかも舟に乗るのが大変で、少し流れの緩かになった頃合をはずすと引返すこともならぬ。それがため数度岸を下って船に入ったが、その度に引返し、やっと最後に対岸に達することが出来た。振返ると通って来たところの家々がはっきり目の前に見え、その間の距離いくらもないことが分った。聞けば民国五年前には鉄橋があり甚だ堅牢であったが、匪賊がこれを破壊した、今でもその鉄骨を持っている人があるとのこと。果してそうなら橋を架けることも全く不可能なことではない。ただ西康人が建設事業に対して熱意がないだけのことである。一日行くと、曹君がなおも使の者に鶏や黍を持たせてよこした。その情意の厚いこと古人の風がある。河口《ホウコウ》を渡る前、護衛兵をやめて、その代りに四人の西康人を雇うことにした。団丁は匪賊を防ぐ役に立たないと聞いたからである。晩になって、雇う四人が麻蓋宗《マーケズン》に集った。次の日は西俄落《シーゴーロ》に宿泊。この数日間、ある時は三四十里、ある時は急いで八九十里と一定せず、大体道の峻しいか否かを標準とした。十四日には大山を越え、直ちに崇喜《チユンシ》土司の官寨咱馬拉洞《ツアンマラドン》に進んだ。夜は土司の私邸を訪れ、贄見の礼をした。ちょうどこの時、彼は火竹興《ホチユカ》〔火竹卡〕の方面に牧畜に行こうとしていてテント内に住んでいたが、召使いや牲畜なども一切整っていた。この人は見たところ四十余歳、高さ五寸ばかりの腰掛に硬い毛皮を敷いて坐っていた。左の隅に飯を炊く炉があり、崇喜《チユンシ》は幾分その方に倚り、花嫁のようにうつむいていて、私の方を見ようとせず、話をする時も必ず孔《コン》君を仲において伝えさせる。どちらも康蔵語で話しているのに通訳を通じて意味を訳させる。非常に妙に感じたが、後になって、この土司は女を見るのを畏れ一人前の女に対してはいつもそういう態度をとるということが分った。私達が彼に会いに行ったのは、彼の威望がその郷里に遍《あまね》く及び、小盗賊共はみな畏怖しているから、彼の保護を得たら襲われることもないだろうと思ったからであるが、彼はただ巴塘《バータン》県長と同様にすると云ったにすぎなかった。それは謙遜のためであろうか、それとも拒絶であろうか、どうも解し兼ねたのである。

第十四章　万年筆事件

崇喜《チユンシ》と別れて火竹輿《ホチユカ》に進むと、旗が列び立ち、テントを張っているものが数十戸もある。その中でも崇喜《チユンシ》のテントは際立って大きい。これらの住民はみな水草を追うて転々し、今なお太古遊牧民族の風を脱しないのである。群衆の中に、経を読むもの、念仏を唱えるものがあり、それら梵音仏偈の声は牛の啼き声、馬の嘶《いなな》きと唱和し、ぐわんぐわんと耳に響いて来るばかり。日が暮れて、私達は一つのテントに入った。主人は牛肉、羊肉、牛酪をどっさり出し、大鉢小鉢を私の前に並べた。賓客を迎える礼で、客は全部食わなくてもいいのだそうであるが、こういう仰山な料理は余りにも無駄ではないかと思う。寝る前に日記帳を出してこの日の見聞を記録しようと懐中を探したところ、万年筆がなくなっている。考えた揚句、西俄落《シーゴーロ》の宿に忘れて来たことに気がついた。幸い昨夜の宿の主は崇喜《チユンシ》に隷属しており、今崇喜《チユンシ》の処にいるのであるから、まだ取返しがつく、そう思って飛脚に駄賃をやって使いに走らせた。しばらくするとその主人がやって来たので、筆の事を云うと、その人は正直に、自分の家にはなかったが、途中土司の侍者が拾って主人に渡しているのを見たという。私は急いで書かねばならないので、ぜひ一つ取返して来てもらいたいと頼み、彼は再三往復したが、結局要領を得ず、最後に土司の執事に五円つかませ、その上孔《コン》君が腕時計をはずし、筆の中のインクには限りがあり、一枚書くと無くなってしまう、無くなっては廃物同様だからと云うと、やっと彼は時計と交換に返してくれた。値段はいくらもしないものだが、こんな騒ぎをするのも要するにその使途が貴いからにすぎない。しかし一方これによって康蔵人の如何に慾張りであるかがよく分った。

翌日理化県に到着。王綏之君が県長である。王君の原籍は湖南であるが、ここに駐在すること多年、夫人は西康の土着であるから、従って王君も西康化している。私等に対し甚だ優遇、直ちにその官舎に泊めてくれた。もっとも外に泊る処もないのであるが。その日彼の母及び夫人と二人の子供と一緒に記念の写真をとった。この地方の情勢を尋ねたところ次のような答であった。裏塘《リータン》〔即ち理化〕の情勢は他の所とかなり違っている。県内には衛兵は一名もおらず、官吏と云えば県長一人だけである。というのは人民が以前ひどく軍人の蹂躙を蒙ったので、蹶起《けっき》反抗して自衛運動を起した。当時駐屯兵はラマ寺を占領し、ラマを脅迫してその名によって人民を号令し、徴用、収税に対し少しでも逆らうものがあったら、廟を焼きラマを殺してしまうと申渡した。人民はラマに対しては非常な尊敬を払っているのでじっと忍んで安全を保っていた。が、積怨あまりにも深く突然爆発し、遂に兵士を尽く県外に追い出してしまった。その後県内は各ラマ寺によって団防を組織し、寺廟の堪布《カンブ》〔ラマの学教者たるの官名〕を隊長にした。組織以来、一日も訓練を怠らないので、その実力は相当なものであって、領域を守り匪賊を防ぐに十分である。以来、西康人はみなこの方法を採ろうと願っているとのことであるが、これは云わば自治の先駆である。寺廟中裏塘《リータン》大ラマ寺というのが各寺院の本山で、人数二千に達し、経済豊かなばかりでなく、銃器なども整備し、すこぶる強勢を恣にし、漢人の官吏も手が及ばない。話し終って王氏夫人につれられて仏像を拝しに行った。廟宇は堂々たるもので、仏像も荘厳、金の燭台に酥油《スーユー》〔牛羊の乳で作った油〕を盛って灯明を点している。燭台の重さは三四十斤もあろうか、この外小さいのが三つばかりあり、まことにいわゆる金炉氤氳である。王君が話した武装和尚の話、その事に就てもっと詳しく知りたいと思い、挨拶を交す間に廟中の番僧にたずねて見た。すると彼は次のような事を話してくれた。この廟は兵器のほかに西康式の武装がある、もっとも廟内で着用することは清浄の色相を汚すことになるから許されない。堪布《カンプ》の管理は極めて厳格で、号令一下直に部署につき、前進後退意の如く指揮出来る。かつ廟に禁例があって参詣者は廟前では必ず下馬しなければならぬ。ラマは実力と財富を一手に有しているがゆえに、一郷の権勢は次第に集中し、四郷の頭目もみなその命令に従わなければならない。その後、呼図克図《フトクト》〔大ラマの称号〕を訪ねたところ、口を開くやすぐに「宣統帝が再び帝位に復されたそうですが本当ですか」とたずねる。私は答えて「国政は二度の維新を経て間接の代議制を改め直接の国民政府になりました。今更帝制に戻すなどということがあり得ましょうか」と云うと彼は成程と頷くのであった。康蔵間に伝わる誤れる消息にはこの種のものが非常に多い。私は一々これに対し説明をするのだが、宣伝の意味も含まれていたのである。郊外に出て見ると、土地は大部分荒蕪《こうぶ》で未墾のままであるが、牛や羊は逞しく肥育している。ゆえに黍、麦の類は隣県に仰いでいるが、肉食物は非常に安い。次に県の教育状況をたずねたところ、ここには小学校が一つあるばかり、教師は青年で、学生の年のいったものと同じぐらい、使用せる教材は四書五経、毎日ただべらべらと暗誦するばかりで解釈の方は重視していない。内地の郷村の私塾と大差ないわけである。学生は漢人が多数で、西康人はいない。必要を認めないからである。

第十五章　聖人と強盗

裏塘《リータン》に留ること二日、出発の前日王夫人が杯をあげて餞けとしてくれたが、その際沸った湯をこぼして足に怪我をしたので翌日の見送りには来られなかった。十余里進んで裏塘《リータン》温泉に着く。入浴しようと思って足を止めた。温泉の上に数軒の家があり、旅行者はそこに泊る。この温泉の水は入浴するばかりでなく、飲んでもいいので遠方からわざわざ汲みに来るものが多い。

夜は暇なので土人の歌を聞く。低調なもののほかにダライ第五世、第七世を讃美した荘厳にして高妙な頌徳褒功の歌詞もある。その中に裏塘《リータン》、巴塘《バータン》は盗賊の巣であるが、ダライを生んだ聖地であるという意味の句があり、歌意高雅、音節婉転たるものがある。元来ダライ五世阿旺布蔵《アワンプツアン》・甲錯《ギャツオ》と七世甲瓦日清蒼養《ギャワリチンツアンヤン》・甲錯《ギャツオ》とはいずれも裏塘《リータン》の人、現在の青海の拉卜楞翁都甲羊協巴《ラブロンウオントギャヤンシエパ》・活仏もこの地の出生であるところから理化は聖人出生地の称がある。中でも七世は文学に勝れた天才を有し、風流自適、寂寞《せきばく》な生活に慣れず、常に微行しては谷川のほとりに濯ぎする女らに伍して歌を唱い、一曲成るとすぐ各地に伝送した。その中に鷲《わし》を詠った次のような歌詞がある。空翔ける鳥よ、汝は美しい翼を持っている、私にも貸して故郷を見させてくれないか。こうした故事は今なお人口に膾炙していて、歌好きのものはこれを聞いてうっとり我を忘れてしまうのである。

さて翌日の出発の困難を気遣い、詳しく裏塘《リータン》から巴安までの交通に就て訊ねたところ平時でも商人は必ず大勢一団となり、ラマか土司の保護を受けなければならない、その期日になると到底予定は出来ず、三四十日も待たねばならぬことがあると分った。思うに、崇喜《チュンシ》が裏塘《リータン》県長と同じ考えであると云ったが、今裏塘《リータン》の私に対する待遇は決して悪いものではない。恐らく向うも有望であろう。翌日果して崇喜《チュンシ》の派遣した衛士が十名来た。いずれも頭に狐の皮を冠り羊の皮衣を着ているが、それには獐《のろ》の表がついて、六寸巾の金絨の縁取りがしてある。西康軍人の最貴の服装だそうである。しかし軍紀は乱れ銃を肩に担いでいるばかりで何ら予防の準備はない。孔《コン》君に向ってそっと、もし本当に土匪が出たら、こんな少数では防げるものではない、それに士気弛緩し責任もって保護する気などないようだが、どうしたらよかろうと云うと、孔《コン》君は小声で、崇喜《チュンシ》は炉城、巴塘《バータン》一帯の有力な土司であって賊の胆を冷やすに足る兵力を擁しているばかりでなく土匪を操縦する腕をも持っている、ここに派遣した兵などは単に飾りで、実際に土匪と対抗するためのものではないと答え、更に、康定以東の方がむしろ危険である、西の方は少しも気遣うことはないと云う。私は康定までは四川軍の保護があったから安心して前進したのであるが、豈はからんや事実はその反対であった。また衛士に向って盗匪の近状を訊ねたところ、彼は次のようなことを云った。西康の土匪には二種あり、一は無頼漢で掠奪専門で暮している。もう一つは土着の者で貨物の横取りを副業にしているが、彼等の舞台は他の地で、ここではやらない。それに土匪の出発地は蜘蛛の糸や馬の足跡のように辿り知ることが出来る。それが通過したところには必ず三個の石で竈を作り立去る時にその一個を取去っておくから、次に行ったものはそれを見て分るし、しかもその余燼の煖気《だんき》によって行き先の遠近を判断する。また郵便物など往々にして掠奪に遇うが、配達夫も一向平気である、というのは匪賊が来ると一旦荷を棄てて逃げるが、行ってしまうとまた取返して前進するからだ。それに破れた羊の皮衣などを着ていたのでは決して襲われる気遣いはないそうである。

第十六章　游牧

十月十九日から二十四日までの五日間、完全に毛埡壩《マオヤバ》の中を彷徨していた。この平地は広袤百余里、稀に見る天然の野営地である。私達はこの毛埡壩《マオヤバ》に入る一日前、古木《クーム》地方を通ったが、途中民家なく人の行き来するにも逢わず、ただ我々僅か十数人の一行がとぼとぼと前進するばかりで、「黄埃散漫風蕭索」〔白居易（白楽天）の「長恨歌」の一節〕の感があった。日暮になると空の色は暗くなり、愁の涙を流さんばかりであるが、やがて大風さっと吹き起り愁いの雲は忽ち散じ、一団の明月がその笑顔を東の彼方に現わすのであった。

二十日毛埡《マオヤ》土司の領域に到着、遥かに天幕が星のように点々と見える。その中で一際高く立派なのが土司の居るところである。入って見ると、土司は年僅か二十一二、色白く、毛の帽子や毛織の服を着ていなかったら漢人の中の優秀な青年と殆んど見別けがつかない。彼は熱心に康蔵人の内地に於ける人数やその状態及び中国の政局、党義等に就て質問した。私は、西蔵人は北平に数家族しか居ないが南方には非常に多い、西康人はもとは一人も居なかったが、格桑《ゲサン》氏〔格桑沢仁《ゲサンツエレン》――巴塘《バータン》の人で、一九二八年蒙蔵委員会委員に任ぜられた。西蔵の宗教情況に関する著書がある〕が入京して以来学生が多くなり、近頃では四五十名に達している、今日中央は辺境の人々に対して決して差別待遇わせず、才能と識見によっては政府の高級官吏にも任ぜられる、内地はすでに完全に統一完成し、政治も漸次軌道に乗り、挙国一致孫中山〔孫文〕先生の主張を体し、内は五族平等、外は国際平等を求めているから、近き将来に中国は自ら開明の日を迎えるであろうと答えた。すると彼は自分は出郷している同郷人に対し常に心をかけている、中央政府に対しては今後一層悦近来遠の策を施すよう要望すると云った。その語調甚だ懇切で、私が前後に会ったどの酋長と比べてもこのような人物は多くなかった。次いで盛大な宴を設けてくれた。

食事終って更に進むことなく十余里、牙馬《ヤーマ》氏の家を訪れた。その父は年すでに八十であるがなかなか元気で、毎朝自分で牛馬数十頭を率いて草地に飼牧に行く、しかも極めて倹約で銭が入ると直ぐ寝台の下にしまい込む。牧民の移動には組織乃至系統があるのかという問に対し、毛埡《マオヤ》土司の下は凡そ七八部に分れている、本部を哈須染瓦《ハシュランワ》と云い、酋長がこれを司り一切の争議紛糾を取りさばく、家畜を水草に駆るにもほぼ一定の方向があるので、外間の人々が想像しているように、勝手にあちこち転々しているのではない、また土地を変える度に報告をして土司の許可を受けなければならないがその手続が極めて煩雑であると云う。後、奴僕が一人々々頸に小さな袋を吊るしているのを見て、あれは何か、と問うと、塩が入っていて、食事のたびに少しずつ振りかけるのだそうである。彼等の食物は肉類と乳ばかりで、塩はここでは産せず千里の外から来るのであるから、非常に大切にするのである。ある小者が私に向って、「私はいつも四川のおいしい白米を食っていますが、金は払っていないのです」という。私は嘘だと思ったところ、彼は、「四川軍が西康に駐屯して以来、西蔵式の生活に慣れないため、四川から米穀を取り寄せていますが、それは麻の袋に入れその上を更に牛の革で包んであります。それが西康に運搬される途中私達は大きな錐で突き刺して孔をあけ米を出して、そのあとに土を入れておきます。一度取ると数度の食事に充てることが出来ますよ」と云いながら笑い、如何にも得意そうで少しもこそ泥を恥じている様子がない。

室内に入って燃料を見ると、材木でもなければ炭でもない、牛糞を丸めて乾かして燃しているのである。そう聞くと、何と汚いことだと思うであろうが、実際は牛は青草を喰うから糞もさほど臭くないのである。ただ厭なのは彼等が牛や羊の肉をこの糞の火で炙ることで、私は見て気持が悪く、とうとうその肉は口にしなかった。牛糞を燃料にするのは蒙古、西蔵では極めて普通のことで、西康内でも裏塘《リータン》から西はそうである。彼等はまた豚の肉は汚れた物として誰も食わない。食卓にそれが並んでいるのを見ると三日も嘔吐が止まらないそうである。毎日陽が落ちると円く炉を囲んで酸奶湯〔牛羊の乳を変味して酸くしたもので、蒙古西蔵地方の飲料〕を沸して飲みながら盛んに牛や馬について談る。誰それが仔牛を孕んだ、誰それが仔馬を生んだ、などというが、牛や馬にはそれぞれ名がついていて、例えば張から買ったものなら張牛と云い、王から買ったものなら王牛という如くで、そのために話がどんなにこみ入っても決して紛れない。家畜のうち牛と馬の外では犬が最も主人に可愛がられる。犬は三尺以上もあり、口も眼も大きく、頸に紅い紐をつけ、日中は天幕の外に頑張っており、夜は周りを巡邏《じゅんら》し、知らない人間を見ると噛みついて傷を負わせる。だから初めて来たものは、主人に附添ってもらわないとうっかり歩けない。

着物は男女とも粗末で、普段着は古い毛皮服一着で夜寝る時もそのまま、だからどこででも寝ることが出来る。もっとも中にはぼろぼろの着物に飾りを附けているが、それは金や玉ではなく一種の摩尼宝珠《まにほうじゅ》〔龍王の脳中にありという清浄の珠〕である。西康人はこれを「スー」と云っている、が、石材で長いのも四角のも円いのや平たいのもある。上の端に一つ乃至九つの孔があり、九つあるのが最上である。値段は定っていない。これは天の神が作ったもので全世界に十斗しかなく、殖えも減りもしない、身に附けていると災厄を免れるという。

第十七章　寒風

牙馬《ヤーマ》の家に三日泊った。烏拉《ウーラ》が茶を待っていたし、それにラマが、今日は出発してはならぬ、翌日早く出るがよい、でないと途中災難に遭うと云い寄こしたからである。従者はそれを聞いて前進しようとしない。私は再三云い聞かせたが、結局ラマの一言の方が有力であった。次の日は大風で土降り、更に雪が降り出し、寒気きびしくまるで厳冬のよう。天幕でどうにか風を防いでいたが、それもついには吹き折られ、寝床も着物もぐっしより濡れ、ぶるぶる慄《ふる》えながら片隅に身をちぢめていた。奴僕が大急ぎで立て直してやっと元のようになったが、その後はもう毛布にくるまって短榻に横になったまま、古書を開いて僅かに苦悩をまぎらした。午後になって毛埡土司が使いを寄こし、小羊を贈り、且つ明日書信を一つ届けたいとて、懇ろに国民政府の所在地を訊ねた。

二十三日の朝空はからりと晴れたが、草に積った残雪は銀色に光って、寒さは前日よりも一層はげしい。今日こそはラマの意に従って出発しようとしたが、衛卒の中に、吉凶を占ってもらおうと思っているからもう二三日延したいというものがある。実際はこの土地が彼等の郷里で何とか理由をつけて留っていたかったのだ。こうなると心はいよいよいら立ち、晩になっても熟睡出来ず、何とも云えず苦しかった。次の日は寒気やや薄らいだので、遂に天幕を抜いて前進した。幾日かじっとして気分が欝いでいたので、一旦馬に跨ると嬉しくてたまらない。十余里進むと、この平原を出る。将来西康省が政府を巴塘《バータン》に設ける時は、この地はすこぶる有用であると思う。

その夜はインレンラッに宿営した。足の止まるに委せたので初めから予定した宿駅は無ったのだ。次の朝、月明に起き、馬に乗ろうとしたところ、馬がいないと云う。そこで孔《コン》君はじめ従僕達が探しに出かけ、私は四匹の騾馬を見守っていたが、蹄に怪我をして長く嘶いてやめない。若も山賊がこの声を聞いて追って来たら私も家畜も共に命はない、それにこの辺一帯は虎や豹の出る所と聞いていたので非常に心配した。幸い先に宿ったところの主人の牙馬《ヤーマ》氏が駆けて来て、先ず騾馬を広い場所に曳いて行って待った。夜がすっかり明けるといなくなった馬も戻って来たので、やっと出発することが出来た。

馬に乗る時、一人の女が寄って来て、「私の子供の云う言葉がはっきりいたしません、唖のようですが、どうしてでしょうか」と訊く。私は「それは恐らく喉に生理的な欠陥があるかそれとも発音機関に不完全な点があるのでしょう」と云うと、彼女は「まだ本人を御覧にならないのによくまあお分りになる」と云って大そう不思議がり、更に一人の娘をつれて来て「年をあててごらんなさいませ」という。私はあてずっぽうに「十七、八でしょう」と云うと、又も恐れ入って、今度は一人の老女をつれて来て病気を診てくれと云い出した。見ると、母親らしく喘息を患って色が青ざめている。食べ物に注意し用具を清潔にするように命じ、携帯の薬を出して与えたところ、丁寧に礼を繰返しお返しをしたいと云う。私は拒ってそこを去った。

第十八章　女将軍

インレンラツから八十里行った頃、前方の衛士が突如匪賊が出たという合図をした。どきっとしたが、考えて見れば自衛力もあるので、厳重に構えをして待っていた。ところが近づいて来たのを見ると牛商人だった。彼等は私に「貴女がたは巴塘《バータン》へおいでになるのですか、前方で九人ばかり待っております」という。それによって私は巴塘《バータン》に漸く近づいたことを知ったので、急いで馬子に命じ馬を馳らせ先行せしめた。巴塘《バータン》には訪問すべきところが多いので、予め平安を知らせなければならぬからである。

その夜はホムナに宿をとった。九人のものが果して迎えに来、家族に対するように親切で旅を慰められた。親戚友人から貰って携帯して来た酒食を出して、これを一同に分かち共に辛労を慰め合った。やがて腹一杯になると、互に歌を唱い歓を極めた。家族達が先きに行って熱水塘（巴塘《バータン》附近の地で裏塘《リータン》温泉とは別である）で天幕で待っているから明日は会えると云って、喜んでいる。翌日は天気晴朗、一行は人数が殖え、ますます賑かである。旧い一団を前に、新しい一団は後に、私達は真中で、恰も女将軍が兵を率いているようにして出発した。途中の道々は樹木茂って日の光を遮り、前後が見えない。盗匪の出るところと聞いていたから全隊襲撃に備えて、馬の首と尻が附き合うぐらいに密接し、長い蛇のようになって前後互に連絡をとりつつ前進した。錯木阿利拉《ツオムアリア》山を越え道程はや百二十里、遂に麓の空地に宿をとった。「未知飄零苦、随処是吾家」の句が思わず口をついて出たが、強いて嚥み下して発しなかった。生憎翌日は大雪で薄着をしているわけでもないのに寒くてたまらない。然し元気を出し馬に跨り錯木《ツオム》山と別れる。幸い二十里も行かぬうちに雪は止み風もおさまったので毛皮を脱ぎ服装をととのえた。盆地に下り小巴沖《シャオパーチュン》の地につくと、このあたりは家屋が数軒ある。十日余りも天幕生活をして来て初めて人の住家を見たので珍しくて、そのまま通りすぎるに忍びず、足をとどめてやすむことにした。計らずも土地の人々が懇ろに歓待し、勧めらるるままに酒を受けた。酒が一廻りすると、音楽を奏し人々は揃って立上り、男女列を別にし互に歌い合う。歌詞は問答式で、個人的な言葉で胸の思いをのべるとは違っている。席によく肥えた人がいて盛んに飲みかっ食い酔って大声で笑う。それが可笑くてつい釣込まれて笑った。出発以来毎日警戒心で気が張りつめ愁に閉されていたのに、今ようやく笑うことの出来たのはこの人のお蔭だと感謝した。巴塘《バータン》を思うこと切なるものあり、寝てもおちおち眠れず、夜の明けきらぬうちに眠がさめた。鶏ははや時を告げ、人々は床をはなれ朝食の準備にとりかかっている。いざ出かけようとする時、雪が又ちらちら降り出したが、心逸っているので、前ほど苦にならない。十余里行くと巴塘《バータン》の熱水塘が見える。待ちうけている人々がずらっと並んでいる。前進しながら人数を数えて見ると男女合せて九十人余りいる。馬がまだ止らぬ内から人々は我勝ちに駆けよって来る。馬を下り抱えられるようにして第一番目の天幕に入る。酒菓を並べ主人が先ず延寿菓を献じて祝福の意を表する〔延寿菓は西蔵人はチュマと云い、慶祝の際に用いる〕。次いで牛酪の飯一椀、細麺を皿になみなみとついで来る。相見の礼が終ると席を立って主人に別れをつげる。主人は入口まで送って引返す。それは誠に儀礼正しく床しいものである。進んで十余歩すると又酒菓を献ずる。こうして十数回重ねて格桑《ゲサン》氏の門まで来た。格氏の家は立派で、西康には珍しい。ただまわりを取りまいて見るものが余り多すぎて応接に遑《いとま》なく、疲れた身体には非常に苦痛であった。

第十九章　巴安

巴安に二十二日も滞在したので、かなり詳細に亙《わた》って見聞した。巴安はもと巴塘《バータン》と云い、趙爾豊《チヤオアルフオン》が督弁たりし頃の西康の首都で、新旧記すべきことが多い。

巴安に鸚鵡嘴という所がある。ここは西康人の永久忘れ得ない土地である。清の皇族の鳳全が都護となり朝廷の命を受けて西蔵に入った時、ここを通過し、長らく滞在して動かず、理由なくして兵を演練し地方行政に干渉した。危惧にかられた西康人が丁林寺のラマに嗾《そその》かされてその行轅を攻囲した。幸い当地の正副土司が責任上兵を出して救援し一時の難を免れ得た。しかし日を限って境内から出るように勧められたので、鳳全は鋒を避けるつもりで次の日に兵を率いて城を離れ四川に引返すことになった。ところがラマ等の積怨なお晴れぬと見え、一日先にこの鸚鵡嘴に待伏せ、険要を恃んで襲撃を計った。鳳が来た時弾丸や石礫が雨霰の如く集中し遂に難に斃《たお》れ、従者一同も身を以て殉じた。後このことを問いた清廷は烈火の如く憤り、趙爾豊《チヤオアルフオン》、馬維騏の両将に命じ兵を率い討伐せしめ、丁林寺を焼打ちにし更に勢に乗じて土司を廃し、その他一切の寺院を尽く焼き毀《こわ》した。実に惨澹《さんたん》たるものであった。今鳳全の墓は成都の北門外にあり昭覚寺と向いあっているが、彼の死後遺骸は見当らなかったのであるから、これは衣冠の墓であるという。西康人はかかる深刻な創痍を受けたため丁林寺のラマを怨み、今に至るも悪しざまに云っているとのことである。

趙爾豊《チヤオアルフオン》が全西康を威服してからは、先ず第一に教育に留意し、西康学務局を巴塘《バータン》に設け、四川教育界の碩学呉蜀尤先生を聘して主事とし、後には普通男女学校とラマ職業学校を数校設立し、また裏塘《リータン》、郷城〔定郷〕、塩井、江卡《ジャンカ》、武城、義敦の各地に官話学校と小学校を建てた。巴塘《バータン》の男学校、女学校は高等と初等に分れ、甲乙丙丁の四級があった。ラマ職業学校は青年のラマを強制的に入学せしめ、土木工程を教え技術的人材を養成した。また幼稚園を設け幼児を収容した。学生の総数は男子四百余人、幼稚園に二百人あり、急に盛大となった。学校に入った生徒は巴塘《バータン》のほか裏塘《リータン》、塩井等から送られたものもあり、学校では消費品一切、例えば食糧、衣服等すべて支給した。かくまで優遇したのであるから当然喜ぶべき筈であるが、一般庶民は反対に躊躇《ちゆうちよ》し、ひどいのはわざわざ貧乏人を金を出して雇い代りに入学させた。趙《チヤオ》はこの逃避策を封ずるため、厳重な戸口調査を行い、隠して応じないものは重く懲罰する一方、入学の子弟を有する家は免賦、免税の優待を与えた。一人の軍人が馬に乗って学生の行列を乱したというので、この軍人を捕えて重く罰したことさえある。その他、観劇、集会も学生に優先権があった。それにも拘らず、家長たちは最後まで十分熱心になり得なかったところを見ると、創業の如何に困難であるかが分る。当時男女学生はすべて漢服を著し、女子は弁髪にし短い上衣に長い裙《はかま》、男は軍装に革の靴であった。かくて西康の青年は追々漢人に同化して行ったのであるが、不幸にも趙《チヤオ》の事業が漸《ようや》く功をおさめ始めた頃、四川に保路事件〔政府の鉄路官営に対する反対運動で、辛亥革命の端緒となった〕が勃発して全四川乱れ、趙《チヤオ》は成都で尹昌衡《インチヤンホン》のために殺された。かくて西康省の建設事業は惜しくも一敗地に塗れたのである。

第二十章　残痕

趙爾豊《チヤオアルフオン》の行為は四川人から見れば、倒行逆施《とうこうぎやくし》であろうけれども、西康西蔵人は憎しみ且つ敬している。即ちその残虐さを憎み、その勇気を敬しているのである。彼の教育に貢献せる功は大にして、図書を置き官署を設け行省を奏改した。西康を思うことの熱誠なる、西康を愛することの深き、守土の良吏と云ってよかろう。趙は曾て壮大な役所を巴塘《バータン》に建設した。忽忙《そうぼう》の際であったが特に閑をぬすんで訪ねたところ、見るかぎり瓦は落ち垣はくずれた廃墟であった。そこはちょうど巴塘《バータン》の西門に位し、下は巴楚《バチユ》河に臨み、丁林大ラマ寺と肩を並べ、勝地相輝映し、当時の景観が偲ばれた。この役所は前後両院に分れているが、前院は火災に遭い後院は門も窓もすっかり盗賊に荒され、ただ屋根がかかり鼠が階段を走り蜘蛛が巣を張っているばかり。人去って楼空しく、人亡びて政息む、実に感慨にたえなかった。道の序に丁林寺に行き納哈《ナーハ》・呼図克図《フトクト》に謁した。この寺は趙氏の焼打後、各地人士の寄附によってその一部分を回復したのだが、旧時の規模には及ぶべくもない。全寺いずれも清潔で仏像も荘厳奇偉である。侍者は直ちに私を楼上に伴った。四方の壁には西蔵の故事を描いたものが多いが、残念ながら私はそれを一々識別する能力がない。左の入口から入り納哈《ナーハ》の室に入る。床が鏡のようにぴかぴか光っている。彼は国民政府の現状を詳しく訊ねた。私は答えて、当世の政治家は多く学者で、政治はすでに明朗化している。西蔵は有道の士を非常に崇敬しているから、かくの如くでなければその信仰を得ることは難しいであろうと云った。それから精進料理の御馳走にあずかり、終って翌日総理の遺像を持って再び訪ね、一般ラマに対し三民主義の大略を説くことを約して辞去した。翌日図書数冊を携えて行き、先ず主だった僧に対し、孫先生は民を本とし、その全主義はすべて人民の福利に注がれている、政府の官吏にして総理の信徒ならざるはなく、みなその主張するところを理解し、これを力行している、かくて中国の振興は期して待つべく、五族の真の共和はまもなく実現するであろう、と懇ろに説き、思わず二時間に及んだが、聴衆には少しの倦怠の色もなかった。思うに総理の偉大な人格の照臨し接受されたためであろう。

第二十一章　外国の勢力

その後、当地の青年団体と数回接触し、巴安の種々の情勢、例えば外国人の勢力、国民党の党勢、教育の現状などに就て詳しく知るを得た。

清末アメリカの医師スティーヴンという人が数百円の手続費で巴塘《バータン》県署から大量の土地を租借し、小巴河上流の水を引いて潅漑し瘠せた土地を肥やし耕作を可能ならしめ、更に山に沿うて垣を作り外界と隔て、中に三階の洋館を二棟建て、一つを病院に、一つを華西学校にし、また別に二階建の洋館を数棟と西康風の楼房を十余棟建て西洋人と教会の人々の住居にあてた。その他花園、芝生、畠、運動場、林、池、飼畜場などを作り、さながら小型の一市鎮《しちん》の観を呈した。外人の生活はすこぶる豪奢で、家々には雇人が十数人おり、中には中国文や西蔵文に通じた家庭教師を雇っているものもいた。その給料は至って安く一月十円を出でない。これは諺に云う「文人賎如狗、教習満街走」の徴候であろうか。アメリカ人は巴塘《バータン》で学校や病院を経営するという名目で実はキリスト教の布教をしていたのである。城内に礼拝堂を設け日曜日には鐘を鳴らして人を集め、様々な珍らしい宗教画や冊子を撒布し、時には音楽、舞踊などを催して人を釣った。しかし康蔵人は生来保守的で容易に誘いに乗らない、しかも仏教思想が深く脳裡に浸み込んでいるし、殊に趙爾豊《チヤオアルフオン》が培った漢風がなかなか抜き難い。従って土地の人でキリスト教の洗礼を受けたものは極めて少く、わずかに外人に雇われているものとか、華西学校の学生などで、それさえ方便としてやむを得ずしているに過ぎなかった。西康の俗諺に「洋人は好かないが洋銭は好き」と云うのがあるが、これこそその真相を尽しているものと見てよかろう。当初、丁林寺のラマがフランス宣教師の一人を巴楚河《バチュ》に投げ込み、ドイツ人との間に問題が起ったことがある。結局清の朝廷が賠償をして蹺《けり》がついたが、それ以後政府は極力外人に保護を加え、西康人も敢て外人と事を構えることはなくなった。それに西康在住の外人は概して謙譲で人柄がよいので、土着の住民との間は割合平静を保っていた。一度、巴安県の党部が、外人が境界外に塀をめぐらしたといって、少々悶着を起したことがあるが、外人の方で譲歩して結末を告げた。いま冷静にこのことに就て云えば、外人が西康に入って来て何等の功績がなかったとは云えない。現在西康の知識分子の大半は教会学校の出身者であるが、それというのも外によい学校がないからで、外人の文化への貢献もあながち無視することは出来ない。ただ聞く所によると、外人はしばしばこの地の地図や機密を探って本国へ報告しているとのことであるが、侵略の野心があるのであろうか、面白からぬことである。

先に述べた巴安の党部のことに就ては、ここに保森《パオゼン》氏の言を記してその概要を示すことにしよう。

「民国十七年四川省雅安に西康特別区党部を設置し、四川に在る西康の青年は大半続々入党した。自分は特別区党部の指令によって巴安に党部を組織すべく帰郷した。そして党員二百余名を得たので、正式に執監委員を選出し県党部を成立せしめた。部内に於ては日に一回党員を集め三民主義の講演をなし、党の意義を理解せしめ党の権威を信頼せしむべく努力した。しかるに後要人間に衝突起り、領袖《りようしよう》の執監委員汪君を逮捕し即日銃殺の宣告をなした。かくて県党部は解体した」

「近き将来に若し一高級党部もしくは党中率先して指導するものがあれば、必ずや再び書状を回復し得るであろう。何となれば、三民主義の印象は西康青年の脳裡に早や深く浸透しているから」

後また巴安に於ける教育の近況を訊ねて見たところ、その答えに、趙爾豊《チヤオアルフオン》の教育が失敗に終った後は、学生はもとの木阿弥の文盲に戻り、女子の多くは漢人に嫁し内地に流れこんだ。西康人は歌によってこれを諷し「漢人が内地へ帰るのは故郷へ帰るのであるが、西康の娘にとっては異境であるから行ってはならない」という意味のことを云っている。かくて以前教育を受けたもののうち、去るものは既に去り、残っているものは、また元へ逆戻りし、今日西洋人の経営になる華西学校に中、小学生合せて二百除名いる以外、県内の私立学校は殆んど不振の極にある。文化の不進歩、社会事業の落伍、これはそも何人の罪であろうか。

第二十二章　万斛の酸涙

巴安に着いてから十数日、さして用もなかったが、南京と北平から手紙が来ることになっていたので、しばらく留まって待っていた。暇な時は格桑《ゲサン》君の妹をつかまえて短い垂れ髪を撫でつけてやったり、漢式の服を着せたりした。彼女等は小鳥のようによくなつき、気儘にいじりまわしたが、少しも怒らず、双鬟《そうかん》を垂れ美しい着物を着た時の様子はとても可愛らしい。また彼女等に帽子の編み方や着物の縫い方を教えてやったが、姉妹はそのたびに大公使が仕立屋になったと云って笑いはしゃぐ。私は温泉に入って一浴びしたかったが、混んでいてじろじろ見られるのがいやで入れなかった。その後妹達をつれて、数人の下女に附添わせて入浴したが、人々は私を気の小さい女だと思ったことであろう。

まもなく南京から手紙が届いた。慰安と激励を兼ねたそれによって沮喪《そそう》していた元気も回復させられた。用も済んだので、十八日に出発前進することになった。格桑《ゲサン》の家では一同歓送の準備に忙しく、宵から明方まで休む間もなく、小父小母はことに親切を尽し、別れに臨んで手を握り涙をぽろぽろ流すのだった。元来多感な私はすっかり誘われて、悲しくて仕方がなかった。しかも留学に出ている学生の家からは頻りに手紙の委託があるが、これも同じく遠方にいるものを気遣ってのこと、その心中を思えば胸の熱くなるのを覚えるのだった。

出発後まもなく茶樹山《チヤシユシヤン》にさしかかる。西蔵名でクユラ。途中土匪に遭った。私は別に珍らしくもないので少しも驚かなかったが、土匪の方でも私達が中央の官吏と知ってか略奪もせず、却って胡桃を十数個贈ってくれた。その日は水毛溝《シユイマモコウ》に泊った。翌朝早く納哈《ナーハ》活仏と母方の従兄の賈《あきんど》が人を派して追送してくれた。崇喜《チユンシ》の派遣した護衛隊は巴塘《バータン》に残して来たので保護するもののないのを気遣ってのことである。金沙江に沿うて八十里行き竹巴籠《ジユパルン》に着いた。ここが江を渡る唯一の渡場である。長方形の皮の舟に乗って横断した。水毛溝《シユイマモコウ》からも皮船にのって下れるのであるが、流れが急で危険なのでやめたのだった。河を渡る時武装した西蔵人が数十名来て一緒に渡った。我々のために荷を運んでくれたり非常に親切であった。後で聞けば彼等も盗賊だったが、何の手出しもしなかったのはどうしたわけであろう。対岸に上り一軒の二階家に入った。主人が大急ぎで掃除をし、貴賓を迎えるような態であった。地名を聞くとここはフイジュワと云い竹巴籠《ジユパルン》と向いあった要地である。いったい竹巴籠《ジユパルン》の村民は一寸変っていて、西蔵籍でもなければ漢籍でもない、そのくせ自分達は漢人のつもりでいる。服装は大体漢式を残していて、腰が狭く膝までしかなく、四川の労働者が着る肌着のようである。家の中には竈神〔竈の紳〕や土地神を祀り、新年には春連を貼る。それを彼等は漢人であることの証拠にしているが、漢語を話せるものはなく、話せる言葉と云ったら「坐《ツオ》」「我《ウオー》」など数語だけである。なんでももと七、八戸あって、人に春連を書いてくれと頼んだところが、頼まれたものは一々別のものが書けないので、一様に「一門天賜平安福、四海人同富貴春」の二句を書き、数字の所だけ二門、三門、五海、六海と書きかえてやったとのことである。竹巴籠《ジユパルン》の住民はまた精悍でしかも狡猾で、商人は通るたびにたかられて難儀するそうである。

第二十三章　国境を出る

フイジュワの宿では、十二ヶ村の村長が酒食を捧じて歓待したが、その際代表者が進み出て挨拶をのべて云った。「貴下は青年で、しかも青年中国のために奔走していられますがどうか私たち老弱を見捨てないで下さい。私たち老弱の康蔵を見捨てないで下さい」

私はその言葉に思わず泣かされた。彼等は大半七八十の老人であった。そんな年になってもなお世の平和に治まることを忘れず念願しているのだ、どうして心を動かされずにおられよう。夜は男女子供に至るまでやって来て歌い踊った。元来西蔵の制として祝い事のある度に童子を役所にやって長官の万歳を祈ることになっている。その踊り振りは内地のとかなり似ているが、その文句は礼讃の意味が多い。夜はおそくなってから眠りに就いたので、明方になっても床から離れ得ず、目醒めた時は胡笳《こか》しきりに鳴り出発の準備の出来たことを知らせている。寝不足のまま旅途についた。小山を越える時孔《コン》君がしきりに酒を欲しがるので、地面に坐ったまま飲む。飲み終って更に前進し約四十里にしてダーガチンに達した。ここは人家約四十戸、人夫が我々のために茶を淹れたり馬の世話などしてくれたが、その中に頭目八人あり、こんなことを云った。

「清以来私どもの祖先は代々この役に服していて百年の間まだ一日として休んだことがありません。仕える相手も官吏に限らず、土匪や流氓その他あらゆる権勢者に仕えなければなりません。そうしないと非道い目に遭うのです。しかもどの家もみながみな義務を負わされているわけではなく、狡いものや宿場に沿うていない所にいるものは徭役が軽かったり免除されたりして非常に不公平です。中央が本当に四民平等を主張されるなら、我々のようなものも救いの手を待っているものです」

晩は歓迎を受け、昨日と同様に歌を聞いた。次の日ネンズアを過ぎバームクンに進んだ。ここは巴安県との境であり中国と西蔵の境でもある。バームタンは三莽里《マンリ》の一で通称上莽里《シャンマンリ》と云っている。その夜は村長チンレンの家に泊った。その頃私はまだ潜行するつもりだったから、これから先の道の模様を訊ねて見た。するとチンレンはそっと声をいそめて云った。

「貴方がたのおいでになることは蘭敦《ランドン》の西蔵軍は早くから知っています。胡魔化したりしては却って危険が加わるばかりです。第一沿道の保護も歓待もなく、それに西蔵側で貴方がたをパンチェンの密偵と見做しても弁解の余地がありますまい。ましてダライ様ははっきり中国に反抗する意思を示してはいられないのですから、中央の使節が来たからとて無下に却けるわけはないでしょう」

私はなるほどその通りだと思ったから、わざとみんなに聞えるように、明日はいよいよ西蔵入りだと云った。あとで彼に向って、

「我々は南京から来、その行跡は出来るだけ秘密にしていたのですが、どうして彼等に分ったのでしょうか」

と問うと、

「貴方がたの都を出られたことは西蔵側ではじき聞き知って、成都へお着きになってから彼等がダライ様に報告したのです」と云う。

密告したものは北京の某国の使館であろうが、外人の遠謀は全く恐るべきものがある。

この地の住民は前にはわざわざ途中まで迎えに来てくれたのに、こんどはまた、もう一日泊ってくれ、十余年この方、漢の役人をお迎えしないが、今日お目にかかることが出来て懐しくてならないのだと云う。私は、重い任務を帯びているし、従者も多いことだから、事情も許さぬばかりか情に於てもこれ以上御厄介をかけては相済まないと云って拒った。話しの間も彼等は蜂蜜をかけた蕎巴《ジャオパ》を持って来た。これは最上の礼物だそうである。莽里《マンリ》は巴安県の中でも豊裕の地、市街が断続して数里に延びている。最近郷城人の劫略に遭い、財産ばかりか、神像までも打ち壊された。祀る神が違うからであろう。郷城人は強暴で、その蹂躪にあったものはここばかりではない。莽里《マンリ》では住民が団練〔自衛団〕を組織したから、今後は自衛出来るとのことである。出発の時、住民のうち九人が進んで護衛に加わり、ラマも入れて十人、道々歓送の声、祈福の声絶えず、辺民の誠実さには感謝したが、しかし心は焦り、西蔵へ入ってからの安否が気遣われてならなかった。

第二十四章　官の威武

莽里《マンリ》の或る山で送って来た人々と袂を分った。一行はわずか私と孔《コン》君と二人の烏拉《ウーラ》、合せて主従四人、頼りに思うは自分達より外になく、とみに寂しくなった。山上に人家数戸あり、近づいて見ると、西蔵軍の守城、通称蘭敦《ランドン》〔南墩〕というところと分った。もっとも城と云っても名ばかりで、高い大きな門楼があるばかり。乗馬のまま一官署の前を通ると、兵卒が下馬を命じた。私は直ちに馬を下り手綱を引いてとぼとぼと市中を歩いて行った。見も知らぬ初めての土地のこととてどう行ってよいのやらさっぱり見当がつかない。路傍の人々はみな怪訝そうに顔を見合せて、いそいそささやき合っている。このままでおけば、何か変事が起るかも知れぬと思ったので、私は西蔵語で一人の老兵に呼びかけた。するとその兵卒は私の言葉が純然たるラサ音なのを聞いて急に態度を改め、「何処へいらっしゃる」と訊く。「内地から来たもので、ラサへ行くつもりです。西蔵の人々に贈る福音を山ほど持って来ました」と云うと、彼は大そう喜び、先ず我々を一旅館に案内し、それから駐在の軍長官に引合せてくれることになった。彼に案内されて、長官と役所で会見した。彼は一段高い所にいて、私にその前にある短榻にかけて足を休めるようにと云った。先ず彼は、「パンチェンの意を受けて来たのですか」と訊く。「自分はパンチェンとは会っていません」と答えると、次には「貴下はパンチェンの姪だそうですが本当ではないのですか」と訊く。私は頷き「叔父と姪なら会わぬはずはないでしょう。今率直に貴下に申上げますが、自分は中央政府の命を承けて西蔵を宣撫すべく参ったものです」と云い、持参の信書を見せたところ、彼は急に敬意を示し「貴下方の来られたことは誠に喜ばしい。我々も常々中国と西蔵が昔のように一体となることを願っていました」と云う。そして結局、明日飛脚を立てて江卡《ジャンカ》の営官に取次ぎ、私のために先導してやろうと約した。会談中、傍に書記が控えていて竹の筆でチャンジャに記録した。チャンジャというのは四角な板に漆を塗ったもので、文字を書く時その上に粉をふり撒き、竹筆が走ると粉が取れて板に字が現われる。西蔵人は文を書く前にこれで草稿を作る。機密の文書の場合はじかに書いて謄録しない。危急の際抹消するのに便利だからだそうである。

会談を終え寓に帰ると、西蔵内の富商ボンダの第四子が来ていた。彼は孔《コン》君とは旧知の間柄、西蔵内の商業権を握っているので、西蔵の経済情勢を知るに好都合と思い、喜んで近づきになった。ボンダはもとは村の名であったが、繁昌したので商号にしたのである。曾てボンダ村とフナ村と衝突し互に殺戮の末、フナ村は一族滅亡しボンダも僅か一子を残すのみとなった。ブイガンというその子はひそかに西蔵に逃れ、某閣員の侍従になって富を積み、それを資本に印度へ渡って商業を始め富を増して行った。光緒年間ダライが印度へ逃亡して困っていた際、家産を傾けてこれを援助した。その後事件が落着しダライが西蔵に帰還すると同時に、彼に商業の特権を与え、法律の定むる制限を免除した。かくていよいよ繁栄し今日の赫々たる勢いにまでなったのである。ボンダには四人の子がありいずれも一度は遠く内地や外国に行って来ている。このボンダの第四子が我我にぜい自分の家へというので、翌日立寄ることにした。

蘭敦《ランドン》には燃灯仏〔後に出るツォンカパのこと〕を祀った大ラマ寺がある。当地の住民も通りがかりの商人も必ずそこへ行って福を祈る。堂のまわりに欄干があり、経文の入った皮の袋が吊り下っていてそれを突いて廻転させる。そのぐるぐるきしんで廻る音がお経をあげた代りになるわけである。年寄りには若いものの真似は出来ないので、大抵は経袋を突かず、その代り手に転轆《てんろく》を持ち歩きながら振る。廟内の仏像の坐位は高く背伸をしても足が見えない。参拝者は上に攀じ上って跪坐して叩頭する。廟を廻る理由は二つある。一つは苦行を修めるためで、一つは災難除けのためである。廻る回数はその発心と年齢によるが、多くは後の場合である。二十歳なら二十回、三十歳なら三十回で、石ころで数え、一度廻ると一つおき、あとで勘定して見るのである。嘗て西蔵軍の某旅長が長らく廟内に住み毎日数回廻っていたが、彼がやっている間、他の人を外へ追い出し、そのために後から来たものは半日も中へ入れないのでみんな非常に嫌がったことがある。

第二十五章　多夫制

空子頂《コンズチン》からは地勢が次第に高く気温も寒い。二十三日蘭敦《ランドン》を出発、巴安からの衛士二人はこの日私達と別れて行ったので、たった二人きりになった。馬上遥かな旅の空、寂しさたとえようもない。約三十里行くとボンダの家が見える。黄絹を馬子に持たせて先ず来意を告げしめ、私と孔《コン》君は後からついて行った。里門に入るとボンダの主人ははや門に立って待っている。客間に迎え入れられた。内部の設備は非常に立派で骨董、古画の類がすこぶる多い。家の作りは西康風だが、ガラス窓、紗のカーテンなどもあり漢洋折衷で一寸珍しい。ボンダは四人の息子に二人の嫁があり西蔵に於ける多夫制の実行者である。その理由を訊くと、財産を散逸させないためだそうである。私が「内地の人には評判が悪いですよ」と云うと、彼等は反対にあざわらい、「多妻だって何も多夫と変りはありません、それに女は概して嫉妬深くて二人の女を一部屋におくことは出来ませんが、その点男の方はあっさりしていますからね」という。私は笑って「内地の男だってそうあっさりしてはいません。ですからあなたの理窟は内地の多妻制にも当てはまるわけですよ」と云った。嫁の一人に、一度剃髪して尼になったことのある女がいて、何か面白くないことがあるのでついそんな云い方をしたのであろう。彼女にはもとからの恋人があって今だに慕っているが、家で許さないのだそうである。これを見ても西蔵人が婦人の貞操を重視していること、内地で単に処女を尊重するのみとは違っていることが分る。食事が済むと泊って行くようにとの勧めを拒ってすぐまた馬にのって前進した。その女は途中追って来て西蔵靴を呉《く》れた。私の写真と懐中電灯が欲しいと云うので与え、中国の各地の風景帳を取出して見せ、いろいろ説明してやった。

クーシャとフナ両村間の高い山で野雉《やち》が幾百千と群を成しているのを見た。なぜ獲らないのかと訊くと、軍民共に動物を傷けるべからずとのダライの禁令が出ている、鳥獣を殺すものは殺人と同罪である、前に小豹を一匹射ち獲ったものが発覚し、罰金に処された上に、牛革の笞《むち》で数百遍も打たれ、すんでのことに死のうとした例があるという。では、ラサ政府の命令はすべてこのように徹底しているのであるかと問うと、西蔵人は元来従順で治め易い、最近の鼻煙草、紙煙葉の禁止にしても人民はきちんと守っている、宗教的な禁忌、即ち内在的な拘束もあって、法を犯すものが自然少いのであると云う。

第二十六章　台所と客間

次の日江卡《ジャンカ》〔ガルトク〕に着き或る家の台所に泊った。西蔵人は客をもてなす時は、特に客の休息のために作った客間のある場合は別として、大抵は台所に迎え入れる。比較的暖かくもあるし、食事をするにも便利だからである。前もって掃除し、客が見て気持がよいようにと短い幕が張ってあった。当地にシーシャウェンという西蔵軍の営長が一人、排長が八人、兵五百余、他に営官〔内地の県長と同じで、巴塘《バータン》で土司を営官というのとは別である〕一名が駐在しているが、晩でもあり疲れて早く寝たかったので、一々訪問しなかった。次の朝某加本《ジャペン》の女家族が贄見の礼をとって会いに来た。加本《ジャペン》というのは隊長の意味で、内地の連長と排長の間ぐらいに当る〔連長は日本の中隊長、排長は小隊長に当る〕。是非自分の家に来てくれと云う。洗面の後、孔《コン》君と二人で行った。すると二人の加本《ジャペン》が庭に待っていて、それぞれ哈達《ハーダ》を呈し、それに蔵銭四枚添えて敬意を表した。私は簡単に来意を述べ、やがて導かれて営長に会った。営長は年の頃は三十足らず、頭に飾り纓《えい》の附いた冠を戴いている。清朝の夏の礼帽に似ているが、縁が広く真中が高く尖って先に松石をつけそれを黄金で囲ってある。清式の頂子《チンズ》を模したものであろう。傍に侍者が二人不動の姿勢で一語も発せず、木彫の鶏のように突立っている。営長は身を少し起して私に座につくようにとすすめ、それから年齢、本籍など詳しく問い訊した。まるで学校の口頭試問のようだ。傍では例によってチャンジャで記録をとっている。そして蘭敦《ランドン》からの上呈文と照し合せ、間違なしと見るや初めて六日以内に飛脚をもって昌都のサワン・チンプに報告する事を約した。サワン・チンプは総帥又は司令官の意味、西康駐在西蔵軍の最高軍政官で、彼の一言によって可否が決せられるのだ。最後に営長に向い、ダライへの上呈文と共に我々も前進させてもらえまいか、そうすれば徒らに時日を費して待っていることもないであろう、と訊ねたところ、彼は、卿等の任務の重く志の堅いことはよく存じており、強いて留めたくはないのであるが、軍令によって批准がないと前進を許すわけにはいかない、外人が入境する場合蘭敦《ランドン》で待つことになっているのだ、卿等は一歩多く進んでいるだけでも幸いなのである、と云う。そこで私は、我々は西蔵が西蔵会議に代表を派遣するようにと通告しに来たので、既に時日は逼迫している、悠りしていたのでは西蔵は出席権を喪う虞《おそ》れがある、と云ったが、彼は依然いかんと固執する。やむなく宿舎に戻って待つことにした。

次いで営官の夫人から食事の招待を受けた。この人はもとボンダ夫人と一緒に髪を切って尼になったのであるが、尋ね戻されて今では元通り高貴な生活をしている。私の髪が同じように短く肩にかかっているのを見て、不思議がって訳を訊いた。

「内地ではこの頃女も大抵社会的な活動をしていまして、髪を結っていては不便ですから切ってしまったのです。この方が洗うにも梳《す》くにも手数がかかりません。西蔵の女の人も膨らました仮髪《かつら》など経済上から云っても早く改良した方がよいでしょう」と答えると、彼女は、

「ほんとにそうですね」と云い、微笑して、

「私は一時の腹立ちまぎれに切りましたが、それが思いがけず新しい時代の流行に合ったわけですわ」と云う。

「何にお腹立ちになりましたの」

「夫が妾を一人納《い》れましたが、それとうまく行きませんでしたの。西蔵人には多夫制は適っていますが、多妻はいけません」

そう聞けばなるほどボンダ夫人の言葉も無理はなかったのであろうか。私は戯れに、頭の両側に長く垂れている仮髪《かつら》をつまんで、

「これは一体どこから来るのですか」と訊いた。

「四川人が輸入していましたが、今では段々少くなって来ました。女の短髪が流行って来たからでしょうね」

と答えた。

ここに滞在すること十四五日、暇の時は営官の夫人と変った服装をしたりして戯れあった。ある日彼女が宿舎に訪ねて来て、私の持って来た品物を見て、一つ一つ珍しげにいじりまわしてなかなか手離さない。そして最後に鍍金の金時計を見て、ぜひ取換えてくれと云う。自分の持っているのは米国の宣教師から手に入れたのだが、鎖がとれガラスが壊れているから、と云って持って来たのを見るとなかなか精巧で普通の品ではない。「この二つは余り値打が違いすぎますから貴女の損ですよ」と云ったが、彼女は私が拒ったものと思い不機嫌そうになおも手離さない。仕方なく云いなりになったが、その後印度を通った時、時計屋で訊ねて見たところ、それは九十ルピー、中国や百三十元弱に当るとのこと、安いものと高いものを取り換えたので今なお気が咎めてならない。

第二十七章　「大人」の連発

営中で音楽教師が歌を教えているのを参観した。楽器はマージャと云って、形は大たい笙に似、後部にゴムの袋が附いており、それを腋の下に挟んで、口で吹き臂《ひ》でそこを押えて複音を出す。その音は実に哀婉である。教師は印度人、大体が西蔵固有の楽器ではないのである。その他隊中で用いているものは笛でも太鼓でもすべて英国式である。

二十六日営官の招待で法会に出席した。私は漢装のままで行ったが、この地に割合長く滞在していたので人々も余り注意しなかった。営官に会うと、彼は、自分は後蔵人でパンチェンに対しては特に気をかけていると云い、いろいろと質問する。私はこれは反間の計ではないかと思ったので、一切知らぬと答えると、彼は暗然たる面持で云った。

「日と月が互に譲らず争っていたんでは、人間こそ迷惑であろう。昔から西蔵ではダライ〔とパンチェン〕とは天の日月にも等しく、陰陽四時の元で背く能わざるものとしているのです」

辞去する時にそっと、

「人に会っても決してパンチェンのパンの字も口にするでありません。そうでないと危険ですぞ」とささやいた。果してパンチェンの徒であった。

余暇に月色寺に赴いた。廟中の人に民衆の苦痛について訊ねた。するとその人は、

「貴女は漢人でないから事実をお話いたしますが、外の人には云うべきことではありません」と云い、次

のようなことを語った。官吏と民衆の地位は非常な懸隔があり、利害も相反し、取るものはいくら取っても足らぬと云う。民衆に対する政府の態度は実に非道で、人民は呻吟哀号《しんぎんあいごう》しているが、一人として顧るものもない。時々旧時の漢の官吏を慕うものがあるが、抑々誰がかくの如き状態に陥れたのであろうか。先年この地の営官が民衆を誅求した結果、群衆蹶起《けつき》してこれを駆逐し、且つ直接ダライに訴え出て勝訴となった。これは西蔵人民が官吏と対質した前例を開いたものであるが、ダライが郷民に直接官僚を告発することを許したということは民衆一般の福音である。

この地は風が非常に強い。高い平原で遮るものがないからである。市民は道を行く以外は門口へ立たない。西康人が歌う俗謡に「出来ないもの五つ」というのがある。一は「裏塘《リータン》のツァンバは食べられない」。不味くて口に合わぬからである。二は「巴塘《バータン》の娘には乗られない」。乗るというのは娶るということで、我儘《わがまま》で御し難いからである。三は「江卡《ジャンカ》の門には立たれない」。風が烈しく肌を刺すからである。四は「札雅《ツァーヤ》の男には近よれない」。乱暴で勇猛だからである。五は「河口《ホウコウ》の話は聴かれない」。出鱈目が多いからである。これは漢人が故意に諷刺したものであるけれど、事実と符合しているから面白い。

鍾という姓のものが私達の隣に住んでいた。毎朝木魚を叩き鉦を鳴らして一心に経文をとなえている。その梵音のため皆の夢は破られて目が醒めるのであるが、私はその熱心な修持に感心し、近づきになりたいものと思い、人を遣わしてそっとその意を伝えさせた。すると彼はすぐに恭しくやって来て、大人《たいじん》、大人と連発する。私は笑って上座につくようにすすめると、またも、勿体ない、勿体ないと繰返し、却って十歩余もへり下っている。私は北京にいた頃、清の遺老の儀礼に接していたので、強いてはいけないと思い、立ったままで話しを交わしたが、彼は終始おづおづとして言葉も切れぎれに物を云う。幾度か問答を取交しているうちに、彼が純然たる漢人であることがわかった。曾ては西蔵駐在の某高官の師伝であったが、漢軍が敗退してからは、これら文官は大勢そのまま取り遺された。西蔵政府からは左程の虐待も受けてはいないが、その言動は自由でなく、しばしば西蔵人から侮辱され、乞食、奴隷などと罵られる。彼は憤懣《ふんまん》の余り、雲水僧となり、処々を放浪したが、はやその時から二十年になるという。そして彼は「中国ではもう一度来て辺境を治める力がありますか」とか、「前に阿敦《アードン》へ行ったことがありますが、その時人の語では、中国ではもう皇帝はいらせられず、某王が摂政をしていらるるそうですが本当ですか」などと訊く。私は、

「中国の国体は早くから変って今は帝も王もありません、辺境統治も当局では、注意していますが、力を以て強制せず各民族の自発的な団結を願っているのです」と答え、厚く慰めて帰《か》えした。

第二十八章　人の虐待と馬の優遇

待つ約束の六日間は過ぎてしまったのに、昌都からはいまだに杳《よう》として消息がない。当地の長官に向って交渉しても例ののらりくらりで要領を得ない。私達は非常に焦躁にかられた。そこで密に相謀り、もし我々の前進を許さぬならば、莽里《マンリ》まで引返し間道をとって西蔵に入ろうということになったが、しかし聞けば雪山は峻嶮で登るのが容易でない。一たび足を辷らすと雪の下埋めになる虞れがある。だから土着のものでさえ冒険を避けるのだそうで、使命を帯びて塞北に出で、私は今更の如く蘇武〔漢の武帝の時匈奴に使いし拘留され十九年の後帰国した人〕の辛労を知ったのであった。

営官夫人の招待で裁判所を見学した。所の前に広場があり、二人の囚人が後手に縛られたまま立っている。裁判官が階上にいて軒辺から二三度審問すると、やがて二人の者に長い牛の革で出来た笞で左右から打たせる。一つ打つと革がくるくると身体に巻きつく。それを解きほぐすと、もう一人がまた打つ。その動作は極めて緩かで一時間に五六十にすぎないが、それでもはや皮膚は青く腫れ上り血が滲み出ている。悲鳴をあげるその声のいたましいこと、一緒に行ったものはじきに涙を流した。聞くところによると、西蔵にはもと胸刳《えぐ》り、石帽かぶせなどの酷刑があった。それは鋭利な刀で胸をえぐって大穴をあけてから、附添をつけて街の中を息が絶えるまで歩かせる。また、大きな石を帽子の形にくり抜いたのを人の頭に載せ斃《たお》れそうになると取り、暫くしてからまた載せる。いずれもすぐには死ねずに苦しませせようというのであるが、今では追々改良されているそうである。西蔵は仏陀の国、もとよりかかる非人道的な兇器は使用すべきではない。

十二月三日になってから、営官から、昌都からの回答と護照が到着したという知らせが入ったので翌日出発することに決めた。役所から加本《ジャペン》一名と兵卒二名を送行に派遣した。加本《ジャペン》の名は加彬堅我《チャピンチェンオ》と云い、ちょうどその夫人も昌都へ行くと云うので同行することになった。しかし私の西蔵文の護照を見ると、ただはっきり「江卡《ガルトク》より昌都まで沿道保護を加え烏拉《ウーラ》を給すべし云々」とあるのみで、それから先のラサへ行くということに就ては一字も書いてない。非常に気になったが、しかし一歩前進すれば一歩西蔵に近づくのだ、万事はその時になって考えよう、と心に決めた。行く坂道は凹地が多く、馬の背で延びたり縮んだり腰の運動をしているようで、両股をしっかり鞍に附けて緩めずにいたため、しまいには身体中が痛くなって、坐るにも寝るにも不自由で大へん難儀した。三日目にイヤコンサオに宿泊した。私の思うに、コンサオは或いは公館《コンクワン》の音の訛ったものではなかろうか。というのは、この辺りは昔の漢の官吏の往来した宿場で、もと官吏の館として作ったもので、今でも木の床や四角な卓子などがあってほぼ漢風を具えているが、生憎久しく人が住っていない。

連日馬上で苦しい思いをしたので、特に馬子をつかまえて騎馬法を訊いて見た。すると彼は、「坂を上る時は前にこごみ、下る時は仰向けになるとよろしい。腰と脚は動かさず、足の先は両方とも鐙を踏んまえ、腿を真直ぐにしなさい」と云い、また馬に乗る作法を教えてくれた。「山を下る時には馬から降りたがよろしい。諺にも、山を上るに汝我を乗せずば馬たるに足らず、山を下りるに我汝を牽かずば人たるに足らずと云っております。馬は長途を行くのですからこの時は力を休せてやるがいいのです」

またこうも云った。

「貴女方は途中ウーラをお換えになるのだから日に百里以上も行けるのですが、商人ですと半日行っては半日休みます。馬や騾馬を休ませるためです。それに草や水のある所に着いたらゆっくり止まって、麺湯を食わせ牛酪を飲ませ人間同様に扱います」

私は聞いてその法のすこぶる思いやりのあるのに感心し、初めて乗馬の法を知ったわけである。

次の朝顔を洗っていると、外が騒々しく人を打つ音や悲鳴が聞えて来る。手巾をおいて出て見ると、送行の西蔵兵が料理人をつかまえて太い杖で今にも打とうとしている。羊の炙り方が足りないから職務怠慢だというのである。私はおしとどめ、今後このような労働者虐待をしてはいけないと云うと、彼はしぶしぶ手を離して命令に服した。かくの如き軍人の横暴は到るところに於て見られたのである。

第二十九章　冒険

西蔵軍の派遣した衛兵は表面は護送であるが、実際は監視であった。だから村民が私に会いに来たりすると、彼はいつも睨《にら》みつけて物を云わせないようにする。私はこれには何かわけがあると察し、折を見てそっと住民に「何か辛いことがありますか」と訊いて見た。すると彼等は「大人に申上げるほどのことではありません」と云う。そこで私は

「官吏と云っても何も大したものではありません。民衆に代って物事を処理するだけのもので、ちょうど一家で主人が幼弱ならば召使を雇って助けさせるのと同じです。ですから内地では民国以来官吏を公僕と云っています」と云った。

彼等は聞いて繰返し舌打ちをした。畏れ入ったのかと思ったところ、意外にも反駁して云った。

「もしも貴女様の仰有いますようなら、中国の社会は秩序が紊《みだ》れています。尊卑貴賤の別がなくてどうして治まりましょうか」

私は笑って云った。

「貴方がたの気遣うもなるほどもっともです。しかし中国でも主権と運用とは分立しています。主権は民衆にあり、その運用は官吏がし、少しも何ら差し障りなく行われています」彼等はそれ以上口を返し得なかったが、心中なお納得出来ない様子であった。

札雅《ツアーヤ》の県内に入りアツイ山を越える。この山は非常に高く、奇巌そそり立ち、時に大きな岩が道を阻み、

時に絶壁が空を摩している。ちょうど大雪で、路がわからず、おまけにつるつる辷る。衛兵が村民を召集し雪を除けて路を開くようにと命じた。村民はいずれも驚きおそれて「何と仰有られてもとても出来ません」、と云う。衛兵が厳しく叱って道案内をさせ、我々は勇を鼓して前進した。聞けば、六駅ほども廻り道にはなるが、別に路があるとのことで、孔《コン》君と相談しウーラを探しにやった。私達がこうしたのは、一つには近道を求め、一つには好奇心からであった。札雅《ツアーヤ》川を渡る。幸い冬のこととて水浅く馬で急ぎ渡ることが出来た。夏、水満ちると流れが急で、往々人馬もろとも押し流されるとのことである。山路は切り立った厳に臨み、下は深い淵である。茨や葛につかまりながら、身体をぴったり岩につけ、一挙一動胆を冷す。時々足場を見つけては、ほっと一休みし、気を落着けてまた進む。途中私は足を辷らして数間落ちた。ああ岩にぶつかったら命はない、万里の天涯で死ぬのかと悲愴な思いであったが、幸い木の杖につかまり、従者に扶けられて危険を免れた。同行のチァペンの夫人は苦痛に堪え切れず、涙をぽろぽろ流している。私も思わず誘われて泣いた。かつて冒険映画の中でこれに以た情景を見たことがあるが、自分が実際にそれを演じようとは思わなかった。険所を出ると急に背中が熱くなり脚が痛んできた。六十里、ウーラを変えること五度にして午後五時ルミーに着いた。

第三十章　あっぱれお医者ぶり

ルミーを出発して山腹を行く間は、道の両側は断崖で相変らず危険だが、所々に広いところがあって足を止めて一息入れたり、岩に腰を下してしばし休むことが出来て、前日の苦しさに比べるとずっと楽であった。しかし遠く遥かな路、山を縫う百里に余る一眸羊腸たる路、踏む足音は空谷に谺し、山精のみで鳥の声さえない山は寂々と静まりかえっている。古人はこんな地境を知っていたであろうかと思われる。正午すぎ札雅《ツアーヤ》のフトクトの居る煙袋塘《エンタイタン》に着く。西康に四大フトクトがあるその一つである。ここは人口多く地味良好で札雅《ツアーヤ》地方の中心でもある。往年西蔵軍と漢軍が衝突した際の交戦の跡で、漢軍は退却の際火を放って民家数十戸を焼き払ったが今は漸く回復している。聞くところによれば、戦の当初、人民とラマは一斉に漢軍を助けたが、司令官の彭日昇が昌都で包囲され、営長の曹某が謀叛し大砲と一緒に投降し、西蔵軍が彼に逆に攻撃させたために昌都は陥落し彭は虜になった。これは民国七年のことである。後曹某は西蔵人によって雲南に護送され更に四川に移され四川軍の手に捕えられて殺されたが、西蔵人は別に愛惜もしなかったと云う。今西蔵人はこの事を愉快そうに談り、まるで戦勝国のようなつもりでいる。チャペンのチェンアン君が一日休息しようと云い張る。実際連日山道ばかりで気を使い一同疲れていたのである。黒葡萄を少々買ったが、その値蔵銭一枚で二房。ここまで来ると蔵銭と国幣の差が一定せず、昌都からは十五枚を超える。その頃内地の銀が昂騰し兌換《だかん》が面倒である。十三日、三十里行って札雅《ツアーヤ》につく。昌都からの二つの河が合流し深い緑色をしているところで、渡場を管理する家四戸あり、船は革製即ち皮船である。牛の革を張りのばして長方形に切り、箱形に縫い合せ、縫い目を漆で塗ったもので、前と後の二人が櫂で水をかく。乗ったものはじっと蹲んで動いてはならぬ、動くと転覆する。一艘《そう》に荷物は別として六人乗れる。私達は四度に分かれて渡った。河を渡ると峻しい嶺が前に控えている。山はさほど高くはないが、非常に峻しく三里上ってもまだ折れ曲らない。頭の後が危難で振向けない。頂上を越えると路はやや平坦になった。迂回して二三十里行ってムードンに着いた。一人の老翁が住んでいる。彼には男の子がなく、たった一人の娘に二人の婿を取っている。最近男の子が生れて家中歓びに沸き立っていた。老翁が、「中国の人は利口で何でも事前に解るそうですが本当ですか」と訊く。そんなことはないと答えると、今度は「占いをして下さい、あなたが神術を心得ていられなかったら危険を冒してまでここえ来られるわけはありません」という。私は答えた。「私は平凡な一個の人間で、術などはありません。ただ一片の熱誠に動かされて来たまでです」私は赤ん坊を洗わせ、産婦のために食物を作ってやった。西蔵の習俗では生れた子は水に入れず、油を塗って火で乾かすので、非常に不潔である。晩は陶製の碗や象牙の箸などを取出して私をもてなしてくれたが、そういう品は余程の宴会の時でないと用いないものなのである。食事の間、二人の婿を取ったわけを訊いて見た。

「娘は身体が弱く劇しい仕事が出来ないものですから、家事を内と外に分け一人の婿が出た場合はもう一人の婿が娘に代って家政を見るのです」と云い、婿を取る方式を問うと、嫁の場合と同じだが、道具は着物でなく刀剣銃弾等の武器だと云い、逆に質問して

「中国では変だと思いますか」と云う。私は笑って慰め、「珍しいものは変に思われるのもやむを得ません

よ」と云った。

第三十一章　昌都に入る

孔《コン》君が今朝足許を誤って岩から滑りおち、危く命を捨てるところであった。一同びっくりして、それからはみんな懐に土を一包みずつ入れて、足のかからないところにはその泥をかけて湿らして辷らないようにした。ピーツォンにつくとここは昌都《チャント》の県内である。アーユンに泊った、そこは昌都第一の宿場である。翌日はまっすぐに昌都へ着くはずであったが、チャペンがどうしてもチャホに止ろうという。私はいやであったが仕方がなかった。

翌々日の正午に昌都〔康人もチャムドと呼んでいる〕に着いた。〔ここは西康西部の主要地で兵家必争の地〕旧漢軍の政務官は康定に駐在していたが、軍事長官は地理的関係で昌都に居た。城は二つの川の間にあり、堂々たる建物で民家よりも倍乃至数倍の高さがある。全部で六ケ所あり、規模は大体同じようである。橋を渡ると、見物人が蝿のようにたかって馬が前進出来なくなり、二人のものに馬を牽かせ、一人に道を開かせながら進んで行った。ひそひそささやくものがあり、髪を切ってまるで尼さんのようだね、とか、馬に乗って蔵服を着ているところは私達みたいだね、とか、女公使なんて昔からありっこない、きっと菩薩様の化身だよ、などあれこれ云っているが一々聴く暇も見る暇もない。傍に立っているものは大抵舌を出して礼をする〔チベットの尊敬の意を表す仕草〕。私を官吏と神様の間ぐらいに尊んでいるのだ。道は一杯だし屋根や窓も物見高い人々で満ち充ちている。私は笑顔で会釈し、悠々と人波をかきわけて行った。宿舎に入ると、はやサワンの派遣した接待員の某排長が先に来ていた。やがて総部秘書と交際官が連れ立って来た。十六人のものに米、油などの食物を担がせて来たが、更に何か必要なものは、と訊ねる。十分です、足りなければ又おねがいすると答える。礼物を持って来た役夫はみな揃って新式の制服を着ている。新中国の使節の前で新西蔵の意気を示そうというつもりであろうか。当地には漢人の家が数十戸ある。接待員は私が長らく内地の習慣になれていると見て、漢人に命じ椅子や菜などを調えさせた。昔からのしきたりとして、漢人は西蔵では徭役《ようえき》には出ないのであるが、今私が漢地から来たというので、漢人までも喜んで迎えてくれた。住居は内地式にしつらえ非常に気持がよかった。

翌朝先ず羽二重を交際官に賄賂として贈り、午後一時サワン・チンプに謁した。そこの左側は一ラマ寺であって地勢はずっと高くなっている。門前に衛兵が二人立っていて、数人の役人が外へ迎へに出ていた。入ると犬の群が起き上って追って来る。私はびっくりして礼を失するところであったが、何のために官署に犬を飼って賊を防ぐ必要があるのであろう。先ず休憩室に入って休んでいると侍者が挨拶に来て「総官は折悪しく足を病んでいられて、お目にかかる時、立って挨拶は出来ませんから、どうか悪しからず」という。内に入るとサワンが果して二人の下僕に扶けられて半身を伸ばし、如何にも苦しそうである。椅子につくようにとすすめて向いあい、高級官吏を接見する礼をとったので、私も辞せずに受けた。彼は私の証明書を見てからでないと直接中蔵問題を語る資格がないというので、文官処の委任状と政府からダライへの書翰を出して見せ、それを牟という姓の漢人に訳読させた。牟君は名を継三と云い、父の知り合いである。来た当初彼が一度訪ねて来たから分ったのであるが、近頃総部の漢文秘書となったのだそうで、サワンの大体の性質は彼から聞いて予め知っていた。サワンは私の委任状の小さいのを見て「何故清制のように四五尺もある大きさなのではないのですか」と不思議そうに訊く。私は「民国の近制では簡便を旨とし繁文縟礼《はんぶんじょくれい》は悉く廃止したのです」と答えた。検べ終ってからゆっくりと、「貴女は西蔵人で、故郷へ帰るのですから命令を受けて行く必要はないのですが、いまは国家の使命を帯びておられ責任重大です。それにしても果してラサまで行けるかどうか。私一個の考えでは難しいと思う。今は氷雪に閉されている、しかも女の身、その勇気は壮とするが、我々としてはこれ以上の艱難を冒さることは望まないのです。私は総官で応接転送の権がある。どうです、私に全権を委せてダライに取次をさせては」という。

私は考えた、通って来た途中三度西蔵の官吏に会ったが三人とも同じことをいう、まさにこれは計画的である、前の二ヶ所はすでに通過したが、今度も何とかこうまく承知させなければならぬ。そこで私は云った。「内地と西蔵とは兄弟であり姉妹であり断じて離れられません。かつては兄弟相争ったこともありましたが、今再び親しみ合う機会に恵まれたのですから、何ら躊躇することはありません。まして中央政府は国際的にようやく平等を獲得し、国内に於ては多数民衆の同情を集めています。やがて数年のうち中国は世界有数の強国になるでしょう。西蔵は中国の一部です。この際坐視していたならば逆亡順昌の懼《おそ》れがあります。いま内地では強力をもって辺民を制圧することが出来ないのでは決してなく、ただそうすることは和気を傷ける行動として極力避けているだけのことです。それで使を派し西蔵と通好し、中央の意あるところを伝えようとしているのです。貴下は西蔵の名望家であり、知識も人一倍すぐれた方です。ダライが許されなければ極力争って然るべきで、中に立って妨害するなどとはもっての外です。もしこのために漢蔵の親善が失敗したならば、貴下はその責任を免れ得ますか」
するとは彼は「よく考えて見ましょう」と答えた。どうやら心を動かしたらしい。

第三十二章　火葬と天葬

昌都《チャント》に留ること満一ヶ月、サワンに二十度以上会った。そのうち数度食事の招待を受けたが、その際は堂の下で銅鑼《どら》を打ち喇叭《らっぱ》をならす、それが三度して箸をとる。彼等はこれを三吹三打と云っているが、今は亡き清の制を取ったもので、古人の侑食〔食事をすすめること〕の名残りである。私は西蔵へ入ってから婦人の着ている服を見ると明の制で、官吏の冠っている冠纓《かんえい》は清の制である、実に奇々怪々である。サワンの居室は長方形で、両側に土製の仏像が沢山安置され、仏前に銀の底に金で辺をつけた燭台があり、中に牛乳の油を入れ、その火が並んでまことに厳めしい。

ある日たまたま孫総理の奉安《ほうあん》のことに話が及び、彼は総理の事跡を詳しく問い、何故急に全国の信頼をかち得たのであるかと訊ねた。私は、孫先生が信仰せらるるのは、堅忍不抜の志あり博愛仁慈の心があったからで決して偶然ではない、逝去せらるるや世をあげていたみ悲しみ、葬儀の時には全世界から来弔を受けた、残念ながら西蔵は参列しなかった、と云った。すると彼は顔をしかめて、じつは近頃そのことで或人から問責され、返答に困っているのですと云った。これは多分、青海の孫連仲が人を派し納税しないとて責めて来たことを云ったのだ。蔵人は非常に恐れているようである。

十二月二十日、年の瀬もおしつまって来た。ダライへの上呈文は飛脚が持って行ったが何と早くとも来春の四、五日にならねば返事が来ぬとのこと。毎日することもない。加本《ジャペン》の夫人がラマ寺へ仏を礼拝に行こうと誘う。別に仏の加護を求むることもないがこれも暇潰しの一法と思い、ついて行った。彼女は廟に入るや合掌低頭し非常に敬虔であるが、私と来たらあちこち見廻し、壁や龕の中の奇妙な仏像をいじりまわして、まるで田舎女が初めて都会へ出て来た時のように目をきよろきよろさせていた。彼女はその様子を見てそっとささやいて云った。

「そんなにいじりまわして盗るつもり、神様に不敬を働くと罰が当りますよ」

私は云われた通りにしたが、こらえ切れず笑い出した。すると彼女は軽く私を撫でて、「おいたしてはいけません」と叱った。とうとう彼女は私を子供扱いにしてしまったのだ。彼女は神前に進んで、両手を真すぐに伸ばし、秋風に吹かるる落葉のようにひらひらと床にへばりつき、身体を平にして仏像の前においた。まるでいけにえを捧げるような恰好である。思うにこれは最敬礼で漢語で云う拝伏投地でもあろうか。私はその後に立って仏像に向い三度鞠躬《きつきゆう》の礼をした。寺内のラマが見て笑った。私と彼女と一人は伏し一人は立って揃わないからであるが、そのあとで皆がやって来て、

「内地でも跪拝しまするのに何故貴女は木彫の鶏のように立ってなさるのですか」と問うた。私は

「新中国の儀礼はこうするのです。旧制とは全然違います」と云った。

翌日小雪が降るのに、チャペン夫人が江卡《ジヤンカ》へ帰るからと、別れの挨拶に来た。ここへ来たのは母の病気のためであったが、もう母は死んだので暇乞いに来たのである。私は彼女と長い間の道連れだったので、繻子裏の衣服を一着と絹帯を一本贈ったところ彼女は大そう喜んだ。それからいろいろと傷心を慰めた末、西蔵に於ける死体の始末に就て聞いた。それによると、臨終の際には大ラマに頼んでポーラン、訳せば開路経というのを誦んでもらう。死後行くべき方向を知らなくてはとその道を示すのである。息が絶えると

椅子に抱えて坐らせ、髪を梳いて艶をつけ、ざっと顔を洗って、それから死骸の頭を抑えつけて拳のようにへし曲げる、背中の骨がポキポキと音をたてる。次に両手と両足を揃え細い綱でしっかり縛り、弓なりにして轎に入れて、背負って山の中へ持って行き火をつけて焼く。これを火葬という。また長い木の板三枚で遺骸を挟み、適当な場所へ行って板をとり、死骸を千切って林の中にばらまいて鷹に食わせるのがある。これを天葬という。死後もなお身を以て布施をしようという意味であろう。チャポン夫人の母は後者によって葬られたのである。この夫人は夫婦仲むつまじく互に敬い、道々非常な疲労に遭ったけれども態度をくずすことなく、私は非常に感心した。

第三十三章　不倒翁

翌日はツォンカパの聖誕祭。康蔵では通称燃灯節と云って、戸毎に八十以上の灯明をあげる。金持は金属性の燭台を使い、貧乏人は大根をくりぬいて提灯の代用にし、軒辺の窓一面に並べる。夜になると灯明が点々と輝き、はるかに人のさんざめく声が聞え、内地の大都会に於ける国慶節にもまさる賑わいである。各ラマ寺では太鼓や喇叭を打ち鳴らして楽の音が絶えず、人々はみな普那麨粒を食べ、犬猫にまでふるまう。ツォンカパは青海の人で、伝説によると西蔵へ来た時は四人のラマと一緒であったが、彼は生れつき愚かでいつも涕を垂らしていたから連れのものから大へん嫌われた。そこで発奮刻苦し学成って後は俗世を驚倒させるほどの名僧になった。康蔵人は今なおその志を讃えているが、そうだとしたなら彼の名を成したのはあながち迷信ではない。

この日サワン以下みな来会して大ラマ寺に行って仏を拝する筈であったが、サワンの病気が癒らないので遂に行けなかった。行ったら写真をとるつもりであったが、それが出来ず、仕方なく排長と馬を駆って山に上り昌都の全景をカメラにおさめて帰った。

この地の紅教の大ラマたるパークから食事に招かれた。パークは年二十前後、妻妾あり非常な金持であるが、年が若いので子供っぽいところがある。不倒翁《おきあがりこぼし》を取出して卓子の側で打ったり蹴ったりしている。漢商から買ったのだといって大へん珍しがり、どうして起き上るのであろうと訳を聞くので、上が軽く下が重いから抑えつけてもまた立上るだけのことだと教えてやる。すると大きくて人間ぐらいあるのが欲しいから、商人に持って来るように言付けてほしい、いくら高くてもいいからと云う。私が持っている写真の中に少女のが一枚あった。洋服に革の靴ですらっとした姿が美しい。それを見て欲しがってしきりに哀願するので、とうとう呉れてやった。すると「内地へ行けばこんな人に会えるのでしょうか」と訊く。私は何ども答えようがなかった。席上彼は非常に中国に対する熱愛を示し「漢人が来れば必ず真心からお迎えいたします。先日あなたが来られた時は止めだてする者があったためにお伺いいたさず誠に申訳ありません」と云う。食事が終ってから内地の衣食に就て訊ね「何でも西洋を学びますが我が西康のように固有のものを守っている方がいいですね」と云うから「物事には標準があります。善を選び美に従うのが自然です」と答えた。

親戚に当る人の妹の家を訪問した。孔氏と侍徒の排長も同行した。門に入ると室内すこぶる雅致に富み、漢人の風あり、それを見て気持がのびのびした。彼女はもと漢人の官吏に嫁したが、漢軍が敗走して後、夫を彼女の兄が成都に送り返したが、八年も音信がないので、今では髪を切って尼になっている。西康にはこういう女が多い。中には再婚したものもあり、貞節を守ってそのまま独身でいるものもある。これによって、西蔵族の女にも貞操観念があり、ただ愛情の濃淡によって去りもし残りもするということがわかる。

第三十四章　飲食の強制

総部各官の招待に応じ一月七日宴会に出席した。思えば辺境の荒城に足を留めてついに年を越してしまった。もっとも暦のちがいで彼等はもとよりいまだ年華流水の感はない。西蔵の習俗として宴会の時は三日前に招待状を出すことになっているが、私は一日前に通知を受けた。礼を失しているわけで、使者がしきりに詫びていた。出かける際、ダライからの返事が既に到着していると聞いて、心またひそかに嬉しかった。会場はホチュの邸宅、彼もまた時の貴権の士である。同行者は孔君《コン》と侍従の排長シェオーラ。茶受けの菓子が出ると、主人が来て挨拶の言葉を述べ、「女士は久しく西蔵を離れていらるるゆえ、西蔵の礼式は或いはお忘れかも知れぬが、主人が酒を勧めたら客は辞退してはならぬのです。宴会で酔わないと歓を尽したことになりませんから」と云う。私は西蔵人の飲食を強いるのには閉口していたが、いま前もって断りを云うのは何を私に要求するのであろうか、そう思って席についてからも一滴も口にしなかった。そのため座が白けていた。孔君《コン》ははや酔い、うっかり私が平戯〔京戯のこと〕を唱うと披露した。すると満座わいわい云い、是非一つ、でないと罰として杯をと無理にすすめるので、仕方なく坐宮〔旧劇の名〕を一節歌った。終ると一同拍手喝采し、蓄音器そっくりだと云って驚嘆した。私としては久しく北平に住み、子供の頃聞き覚えに少々習ったにすぎないのである。宴会は終ったが、幸い酔払わずにすんだ。聞くところによると、西蔵人は一杯を自食、二杯を勧食、三杯四杯は強食と云い、招待されて酔わないのは珍しいとのことである。ダライの返事は如何であるかと問うと、まだ聞いて見ない、明日御返事しようと云う。

その言葉のうちにはやはり代って取次ぎたいという意向が見えた。私はその功を貪る嫌いあるを疑い、これを責めて、もしダライが私の前進を欲しないならば、貴下に理由書を作って頂きたい、それを南京に持ち帰って復命するからと云い、明日挨拶せずに出発し印度へ廻って帰るつもりであると云い添えた。そして宿に帰るや下僕に命じ秣や食糧を用意させ出発の準備をした。偵察したものが知らせたと見え、秘書が走って来て、どうか急がないで頂きたいと云う。私が黙って出かけると中央に罪を得るばかりかダライからも叱責を受けるからである。そしてダライからの回答については、「実のところまだ貴下がたの前進の許しは出ていないのですが、そんなに急がれるならば、私と総官とで責任を負って出発させ、一切を私たちで引受けましょう。一体いつお発ちになりますか」と云うので、私は、旅人のことゆえいつでも支度次第出発することが出来ると答えた。すると、ではウーラを用意し送別の礼をしようと云う。云うだけのことをきっぱり云ってのけたのでその晩は安眠し、数十日のいらいらした気分が一度にとれてしまった。朝早く起きそれぞれ別れの挨拶に廻った。街を通る時気をつけて見ると、心せわしい時はうっかり見すごしていたが、市中は商業がさほど盛んでもないのに、酒屋が至るところに散在している。そういう場所は旅館も妓館も一切兼ねていて、飲む者は興が起れば女を招んで歌わせることが出来る。もっともそれは営業ではなく、招んだものも招ばれたものもつつましく応対し代金をとってはならない。妓女も専門に商売にしているものは少く、半ばは淫蕩な女が世間に容れられず堕落したものである。彼等の人と接するにはこういう場所では、幕を家の隅に張ってするということであるが、必しもそうとは限るまい。サワンを訪《みま》うと、早く辞職したいが、ダライが許さない、三度辞職を申出て許されないとそのうえ申出てはならぬ規則になっている、もう年をとって身体も弱っているから、暇を得て内地へ赴き医者にかかりたいのだがと云うので、ねんごろに慰めて辞去した。

第三十五章　卯村

昌都城を出ると、飛脚が鈴を振りふり来るのが見える。送行の人にたずねると、彼等には徒歩と騎馬の二種あり、徒歩のは駅に着くと引返すが、騎馬のは馬を変えて更に前進するのだそうだ。途中三四十里毎に一駅あり、近づくと鈴を大きく振って、駅守に聞かせて食事や馬具の用意をさせ、それがすむと又走って行く。どんな高位の官吏でもこれを止めることは出来ない。こうして昌都からラサまで僅か五昼夜で達する。徒歩の飛脚になると七日はかかる。先に鋭利な刃のついた手裏剣を持っていて、邪魔するものはこれで制し、刺し殺しても罪にならない。これは全くイギリス式の駅伝法で、その速いこと実に驚嘆に値する。

昌都を距る二十里に俄洛《オーロ》橋がある。ウーラの語るところによると、十二年前、西蔵軍が漢軍を撃破した時斬った首五百余級を道傍に並べ、長官に見せてその勇を称えられ、又漢の捕虜を西蔵へ送る際ここを通って見せしめにし、その後で橋の下に葬り魔経を読誦して、漢軍が永久再び来ないように祈ったということである。又彭日昇の当時の状況を訊ねたところ、次のような事実を知り得た。当時聶という副司令があり、適当な条件で講和すべしと極力主張したところ、彭は異志ありと疑い彼を銃殺した。後敗るるや、スンポン、ノーナ二ラマ等彼を助けたものは悉く虜《とりこ》となり、彭も降将となった。部下の張営長は自殺して殉じ、士兵は銃器弾薬貨幣等を河に投じた。蔵軍入城するや聶君の後を追弔し、その偉略を讃えた。実際西蔵軍は曹某の謀叛がなかったら到底勝つ見込はなく寧ろ講和を望んでいたのである。城を抜くや、漢軍の遺族達に対し凌辱の限りをつくし、女は悉く着衣を剝がれて鞭打たれ、貨財は略奪された。いま彼の失敗の原因をただせば、もとより用兵の法を誤ったからでもあるが、陳遐齢《チエンシャリン》が康東に兵を擁しながら救援せず、孤立無援のまま放置したことが敗戦の大きな原因である。陳の方では人の褌《ふんどし》で相撲をとるつもりであったろうが、豈はからんや、昌都が陥ちてから西康の北部数十県は遂に守ること能わず、今では西康の大部分の地方はダライの手に落ちているではないか。これは実に陳がその禍根を作ったためである。

途中送行の排長と孔《コン》君が競射をした。数百歩離れた三尺ばかりの木標に黒い円を描きピストルで射つのであるが、円が小さくて遠くからよく見えないのに二人とも命中している。孔《コン》君のが中心から少し外れているというので皆が負けだと判定した。ぞんざいに射っているようなのにどうしてこうも正確に中るのであるか、と私が不思議がって訊ねると、康蔵人は子供の頃から石や矢で練習し、大きくなってからは手裏剣や銃を使い長い間やっているうちに運用神の如くになるのであるという。巴安の昔語りにこういうのがある。ある人が田地財産を賭けて人を募り、頭の上にツァンバで卵をくっ附け、怪我をさせないように卵だけ撃ちおとして見せるが、もし失敗したら田地財産をやろうと云った。欲張りな男がいて、たとい死んでも財産を遺すことが出来ると思って応募し標的になった。ところが卵だけ撃たれて身体にはかすり傷一つ負わなかった。それでこの地を卵村というそうである。

第三十六章　協耶橋

ナーダからは沿道に石の小屋が所々にある。形は内地の土地廟に似ているが、中には石の柱が立っていて里数が記してある。三日目にイズラ山を越える。その名は六度上り六度下るという意味で、康蔵で最も長い山道である。馬に乗って渓谷を渡る。水が凍りしかもその上を雪が覆うているので、馬は左右によろけ、上に乗っているものも時々身体が斜に八九十度も傾くことがある。ひやひやして身も心も疲れ実に苦しかった。岸に着いて山に上ると、強い風が真向から吹いて呼吸が苦しく息がつまりそうである。しばらく休んで乾餅や火酒を取出して附添いのものに与えた。一人のウーラが食いながら、溜息をついて、二十年この方今日みたいに酔ったことはないと云ってがぶがぶ飲んで、とうとう前後不覚になり、石にもたれて寝てしまい、さあ出発という時いくら揺ってもぐったり死骸のようになって起きない。みんなは放って行こうと云ったが、私はとても忍びず、酒さましの薬を出して顔に振りかけ、彼の追いつくようにとゆっくり前進した。晩になってから果して追いつき、頭をぺこぺこさげて恩人々々と礼を云う。この日の行程は百八十里、十九時間費したので大へん疲れた。

次の日はイダラ山を越え、午後三時に協耶橋《シェヤ》〔嘉裕橋〕に着いた。西蔵の官吏が関所を設け税を徴収している。その税制は奇妙で、人一人馬一頭につきいずれも蔵銭一枚を徴収する。人間も畜生も同等に扱っているのである。参詣客も荷を担ぐ人夫も例外はない。金でなければそれに相当する品物でもよい。全然納める力のないものは橋の袂にうろつき夜は巌窟に寝て、渡賃の工面がつくまでは一日でも二日でも待っていなければならない。私達は政府の役人であるからとて特に減免された。商人たちの多くは臨時の人夫になって税を免れようとし、めいめい箱や籠をかついで渡ったが、一番あとの者が遂に捕まって検べられ、罰金として倍額取られ、私達が取りなしてやっても效目がなかった。その晩は早く足を留め、翌日ローズオン県を過ぎる。ここはわずか百余戸、県長某は後蔵人である。ちょうど西蔵へ上奏に行っていたので面会出来なかったが、代行の両青年が牛肉や牛酪を贈ってよこした。夜は米の飯を炊き中国風の料理を作った。こんな味には二ヶ月もありつかないので、大へんうまくて急いで食べるのが勿体ないぐらいであった。二十日、則都《ズエト》に入る。ここは羊の肉の特にうまい所であるから、携帯のうどん粉で水餃《シュイジャオ》〔水につけた肉餡の平たい団子〕を作って食べた。翌日はショパント〔碩般多〕を通過する。ここも県城で、城内には漢人がいて「蔵軍のために強制的にウーラにさせられました。皇帝様のお救けを待っているのです」といって大声あげて泣く。後で私の出発の際馬の轡によりついて送って来たもの数十人もあり、別れる時はひどく名残惜しげであった。パリラン、ラーツを経、テンパに出て、丹達《タンダ》につく。シャコンラの麓で、仏廟がある。ここは西蔵の入口でこの仏は門番の役をしているから、出入りする者は必ずこの仏に一々ことわることになっているとのことで、孔《コン》君等はみなお祈りしたが、私は気にもとめなかった。

第三十七章　皮襖轎子

シャコンラ山は上り下り各々九十里、合せて百八九十里あり、山中に家がないから、朝発って夕には越えなければならない。峯が鋭利な剣のように峙っているところから天柱という別名がある。西康人は歌に詠んで、ラサの聖地に行きたくないわけでないが、何としても天柱が邪魔しているので翅を延しても飛びすぎることが出来ない、と云っているが、よってその嶮しさがわかるであろう。私達は発つ時、先ず五人のものに道をひらき雪を掃いのけさせた。しかし掃くあとから積り、後のものは依然道が分らない。両側は深い穴で落ちこんだら最後命はない。私は二度落ちた。一度は僅かに脛《すね》までであったが一度は腹まで落ち、その度に胆を冷やした。山腹に来ると強い風が急に吹いて護送の排長の風帽をさらって行った。歩いて追いかけ、つまずいて倒れ数丈滑りおちた。私は面幕をあげてそれを見たところ、その面幕も吹きとばされ、皆が急いでつかまえようとする恰好が可笑しかった。風帽というのは四川の制で、先が尖り下がいろく両耳がついていて顎の下に結ぶようになっている。東南地方では見たことがないので何という名か知らない。面幕は道化芝居の仮面のようなもので綿布に眼、鼻、口だけ小さな孔があいていて、眉が笑っているように画いてあるが、息をすると凍って孔がふさがり、見通しがきかなくなる。山の中腹に凍死した人畜が半分雪の中に埋れている。そして強い風が虎の嘯きか龍の唸り声の如く耳をかすめ、雪片が顔をうち剃刀で切られるように痛い。道を開くものはみな後をむき、明日雪が止んでからもっと大勢の人夫を出して雪をかいて行くようにと哀願し引返そうと云い出す。私は道のりをはかって見るともう半分は来ている、引返すのと前進すると同じである、しかも翌日果して晴れるかどうか保証出来ない、徒らに時間を費やしては無駄であると思ったから、人夫を叱って、自分は国事のために来たのである、もし山に神霊があるものならば必ず自分を助けるであろうから進んでも危険はない、と云い、賞として食べもの全部を人夫に与えて背水の陣をしいた。孔《コン》君はそれを聞いて不服らしい顔をするので、私は漢語を使って、士気をおとしてはならないと云って黙らせた。食い終って一同又進む。みなは相談の揚句、長い縄で私の腰をしばり、二人して曳き、二人が後からおし、小刻みに一歩々々と進んで行き遂に山頂に達した。しかし私の足と腰は拳闘で打たれたようで動かすことが出来ず、絶頂からもう下ることがむずかしい。それにつるつるして足が止らない。そこで従者が大きな毛皮の着物を脱ぎ、皮の方を下にして地面に布き私に毛の上に坐らせ、四隅を縄で結び後で提げ前から引っぱって下りて行った。

その晩ナジェホに泊ったところ、主人は私の行程を聞き、舌を出して「数名の商人がここまで参りましたが、先に行ったものが失敗したというのでとうとう留って進みませんでしたが、あなたは貴い御身分でよくまあ危険を冒されましたな」と感嘆した。山を通る時、山頂に必ず石を積みあげてあるのを見たが、この時そのわけを訊ねて見た。するとそれは旅人が山神に祈るために石を供えるので、中には経を書いた布をかけるものもあり、その場へ来ると大声で、御加護を垂れ給え御加護を垂れ給えと祈るのだそうである。成程そういえば私たちの一行の人夫どもからもその声をきいた。牛を牧している宿の主人の子がコンチャという鳥を拾った。漢訳で何というのか知らないが、羽が美しく肉も食べられる。しかし蔵人は非常に敬愛していて食物にしない。私は蔵銭一枚で買い取り火に炙って料理したところ、一同驚いてもっての外だという。私の食辛棒なのをいかにもへんに思ったらしい。そこで私は、殺したものは私ではないから食べても罪にはならないということを詳しく説明してやった。それでも彼は、前に漢人の非常に口の巧いのがいて、青い草に何とか名を附けて食いましたよ、と云う。もと漢人が食用になる野菜を見つけて取って煮たのを彼がひどく珍しい事に思ったのである。

第三十八章　もっともな質問

ラサまではまだ半月かかるが、道が次第に平坦になって来たので、気分はかなり楽になった。チジェホで一夜泊り、アラド、チャコを過ぎ、ノントイラ雪山に進む。この山は平時でも積雪五六尺あるが、幸い風がなかったため通過するのに前ほどに苦しくはなかった。今までさんざん寒い目にあって来たのでもうこたえなくなったのであろうか。毎日の行程は百里を越えた。もっとも西蔵はイギリスの里程を用いているので、あまり確かではない。沿道でたびたび参詣人にあった。行く者あり帰る者あり、沿道はもとのように寂しくはない。康蔵人にとってはラサへ行くのが一生の最大の幸福で仇同士でも聖地で会えば怨みも忘れてしまうのである。コーリでダライが人を派して、我々の消息を探らせていると云うことが分ったので、訪ねて来たものに頼んで先に知らせ、迎えの準備をするに便利ならしめた。

道で通信使の少女にあった。徒歩でとぼとぼ山中を歩いている。私達だと知って顔を見るや話しかけ、「貴女はなぜ駿馬に乗り毛皮の衣を着ていられるのですか。私はてくてく歩いて使いをしていますのに」という。

私はその言葉を聞いて顔を赧《あか》らめ、それとなく詫びて云った、

「私は内地から来ました。日に百里行き雪山を越えました。とても歩けませんし、それに体温が保てません。それでこうしているので、別に貴女がたより優ってるわけではありません」

彼女は内地という言葉を聞いて急に眼を輝かし、「私でも暮らせましょうか、私貴女のために働きます

から、つれて行って頂けませんでしょうか」と云う。

冗談に、「あなたが行くなら、私あなたにいい着物を着せて立派なお馬に乗せ、向うについたら綺麗なお家に入れて、お美味いものを食べさせ、その上いいお婿さんを世話してあげましょう」といった。

彼女は喜んでいたが、やがて悲しそうな顔をして、しまいには涙をはらはらと流す。おどろいてわけを訊くと彼女は、

「私、父と母が早く亡くなってお祖母さんと二人きりです。お祖母さんは八十で身体が弱く病気勝ちで、家は財産もないのに政府は税金を取りたてるのです。もし私が行ってしまったら、お祖母さんはどうして暮して行けるでしょう。それに徭役の催促できっと死んでしまいますわ」と云う。

私はその篤い孝心に感激し、慰めて云った。

「あなたはよい心を持っている。きっと善い報いがあるわ。貴いの賎しいのといってもともと無常なもので、私の苦労もあなたの苦労も結局は同じことよ。ですから今急いで行っては却ってあなたの為にたらないわ」

彼女はそう云われてはっとして足を早めて馳けて行った。従者に向って、西蔵では八十歳になってもまだ徭役や税があるのかと訊くと、凡て平民は子供の時から年とって死ぬまでの間、ウーラになる義務があって、家族三人なら二人、一人なら一人が役を負う、もっともその回数には多少の差があり、病気や差支えのある場合は人を雇って代りを出すことも出来る、役に当るものは男女の別がないから、女でもウーラになる、納税に二種あり、一つはラマ寺に納め、も一つは西蔵政府に納める、税額は百分の十から百分

の五十までで、余り苛酷なので、ダライの耳に入って一時禁じたこともあるが、小役人どもは依然威勢を笠に役得を貪っている、それに役目を帯びて通る時は、欲しいだけ制限なく取り立てる、もし団長が一人来ると、その居る所の天幕から坐席寝具に至るまで新しいものでなければならぬ、少しでも気に食わぬと重く罰する、それゆえ官吏が通ると非常な迷惑である、という。西蔵の小民はまことに哀れなことである。

第三十九章　神様はお見通し

二月三日ラリ〔嘉黎〕に到着。この地方の方言習慣は西康と違っていて、土地の人々の言葉は些《いささ》か早口でよく聞き取れない。それに婦人の服装は殊の外奇妙でパンル〔西蔵産の毛織物。厚み豊かなもの〕の小さな帽子を冠っているが、それは頭の上に一寸載っているだけで、縁がそって右の方が裂けていて、長いピンで髪にさして落ちないようにしている。長い背心《ペイシン》〔袖なし〕を着、髪は二つの弁に編んで脛まで長く垂らしている。彼等は前蔵人の服装は美しくないと云うが、これによっても康蔵の服装言語の甚しく不統一なことが分る。湯餅会〔子供生れて三日目の祝宴〕に、生鉄や小刀を贈り物にして子供が大きくなってからの勇武を祝う。この地方で製する刀は特別に鋭利で、康人はよろこんで買う。産物としては、線氈がある。模様から色合まですこぶる精美で、貴族婦人は平常腰にまいて裙子《スカート》にしている。又トマニという細かい一見セルに似たのがある。西蔵では純然たる手工業で産品もこんな佳美なものがある。

翌日出発せんとする際、一人の女のウーラがよちよちと遅れて来た。シェオーラが最初は親切にしていたが、後になって猛烈に彼女を打つ。私はすぐ叱って止め、蔵銭一枚やって慰めたところ、非常に喜んで、その後西蔵の人々は忽ち私の仁慈を宣伝し、至るところ熱烈な歓迎を受けた。つまり罰しなかった上に、物までくれたのであるから、西蔵の官吏に比べると非常な相違があるわけなのであろう。

六日コンブラ山〔鹿馬嶺〕の麓に達した。これは西蔵へ入る最後の山、これを過ぎるとラサの大平原に出る。麓に郵便夫の小屋がある。三人入れる。通行人は入って茶を沸かすのであるが、代価が要る。西蔵政府は郵便夫には特別の待遇をし、一人当り年に饂飩粉《うどんこ》四十鉢を給料として支給している。一鉢は中国の半斤に当るから一人二十斤である。量は少いが、普通のウーラが蹂躙を蒙った上ただ働きであるのに比べれば雲泥の差である。コンブラ山を越えると、眼下に平原が展け、ちょうど成都へ行く龍泉駅を過ぎた時にそっくりである。

墨竹工卡《モジュクンカ》につく。西蔵側ではは沿道人を派して偵察していて、我々が何時来て何時出たかということまで詳しく調べている。ここは県治で、店には洋品がある。ラサから来ているのだそうである。この地の気候は途中に比べるとかなり暖かいが、盆地に入っているからであろう。村落が次第に多くなり、十余里に数軒あるが、これも西康で数日間人煙を見なかったのと比べると非常な違いである。ただ地味があまり肥沃でないため、茫々《ぼうぼう》たる野原で樹木も至って少い。晩ラモの一富翁の家に泊った。連日の旅で垢だらけに汚れた衣服を洗った。その仕事ですっかり疲れたが、おかげで気分がせいせいした。

徳慶《ドチン》をすぎると、ダライの迎候使として数人のラマとシャス団長がやって来るのに遇った。今年の法神の際、聖人のお告げに、女子が東方から来、西蔵人に福を齎らすであろうとあったが、正にその通りでした、と云う。法神というのは、ラマ寺に於ける一種の降神の儀式で、専門にこれを司るものがおり、特殊の衣帽を着し、胸に胸あてを附け、神が降って来ると、意識がなくなり、高い所に坐ってぽつぽつと言葉を発する。問う者は腹這いになって進み、頭を法神者の胸あてに触れ、謹んで吉兆をお伺いする。神は一一答える。傍に記録者がいて、お告げの言葉を記録する。もしその占いが国事に関したものであれば、印刷して公布し遍く国内に知らしめる。私の来たのが突然だったから、彼等はわざとこれにかこつけたのである。シャスは先に引返し、私はラマと後から行った。

ラサと一衣帯水の雅魯蔵布江《ヤルツアンプ》を渡ろうとする頃、旧い親戚の者が集って来たが、互に面識なく、しかも彼等は私が官吏だというので近くに寄りもせず、互にひそひそ話し合っている。私はふとそれを聞きつけて、招いて話し合った。旧い知人の事を訊くと、多くはすでに亡くなったり居なくなったりしている。誠に「少小家を離れ老大にして回《かえ》る」〔唐・賀知章の句〕の感があった。ダライは私の身の廻りの極めて簡単で衣服乗馬なども粗末であると聞いて、予め人に命じて河を渡って待ちうけ、旧いのと換えるようにさせていた。私は郵便配達の少女の言葉に慚《は》じていたので、それは過分であると思いそれとなく拒った。西蔵ではひどい評判であると知ったから、面倒をかけてはと思い軽騎で先に行って避け、急いでラサに入ろうとしたのである。それで河を渡る時は特に急いだ。

第四十章　劉家の姑娘

出発の時からラサへ入る時の服装を如何にすべきか考えていた。西蔵式の服では中国の官儀を示すに足らぬと思ったが、女の礼服に対する政府の規定がないので、仕方なく長袍に革の靴を用いた。河に沿うて人が目白押しに並んでいる。これらは臨時により集った連中で、昨日の迎えの者は待ちきれず、もう帰ってしまったのだそうである。それでも迎えの者には違いないから、これに対して一々礼をすべきであると思い、外套を脱いだところが、風が冷たくて凍えんばかり。馬に鞭うって駆ける外に暖をとる法がない。遠くの方で見ているものは、私の顔が見えないので、一斉にぶつぶつ云っている。河岸に着けば、船頭が急いで人々を押しのけて、私のために船を出す。待っているものが多すぎるので、もし順序通りにしたら、私達は半日も待たなければならないのである。船頭は、蔵王の命令で貴下が来られたら特別に先にお渡しすることになっているのです、という。舟の形は甚だ奇妙だ。長方形で舳《へさき》に立派に彫刻した鹿の頭が附いている。乗るものは皆これに哈達《ハーダ》を奉る。加護を求むるためで、恐らく水神であろう。対岸に着いてみると、白い天幕を張って衛卒が銃を担って警備している。旅客は一人々々検査を受けすこぶる緊張を呈している。訊いて見ると、西蔵とネパールの間に最近紛争が起り、ネパールが兵を進めて西蔵を狙おうとしているので、警戒を厳にして防いでいるのだそうである。岸に上ると、見物の衆が大勢寄って来る。それを衛士が鞭で打って制しながら路を開いてくれる。迎えるもの送るもの合せて六騎、電閃の如く駆ける。柳の林を抜け次第にラサ城に近づく。時あたかも厳冬で柳の木も今はただ枯れた幹を残しているのみで、ひどく物さびれている。聞けば春の末から夏の初にかけて枝に若葉の萌え出る頃は、西蔵中の貴族も平民もめいめい酒を携えて遊山に出るそうで、その時の景を思えば江南の美しさに劣らぬようである。柳の林のある地域は非常に広くて見渡すかぎり涯なく、春夏の交はさぞ薫風緑の葉を揺がし、浩淼として煙れる海の如くであろう。

清真寺《モスク》のあたりに行くと、漢人の回教徒が多く四川の方言で話しあい、やあ劉《リウ》家の姑娘《クーニャン》だぞと叫んでいる。振返って見ると、又群衆の中に逃げ込んでしまう。内蔵の回教徒は漢人の籍を落したものと纏頭《チャントウ》（トルコ族。頭に白布を纏うているからこの名あり）と二種あって、清末の時には両派の勢力はいずれも盛んで、殊に漢人の教徒が有力で徭役も賦税も免除されていたが、今は次第に剝奪され、しかも西蔵側からは人を派して監察されている。この寺の如きも西蔵人が管理し、時々酒を飲み豚肉を食い、酔っては大殿の上を駆けまわったり寝たりする。回教徒は非常に嫌っているが何とも仕方がないそうである。

ラサの周囲には城郭なく、両面は河に臨み、一面は山を負い、僅か一隅に少しばかり城門に似た堡塁がある。宿所に入る。そこはダライが予め準備を命じておいたツイゴ団長の公館である。主人は全家族をつれて西康へ出かけている。屋内は静かできれいに整っている。西蔵政府の招待官たるシャス団長が早くから中で待っていた。到着するや、笑顔で出迎え、簡単な挨拶ののち、二階へ連れて行き私の居室を示す。別に奥の間があって、内を小さな部屋に区切ってあって私の寝室にあてられてあり、何もかも行届いている。そこに落着いていると、門の外で大声がする。シャスが急いでかけつけて見ると、ネパール領事館の使用人が内へ入ろうとする。門番が表門を閉めて入れないので、彼は石で門を叩き門が破れそうになった。

そうして大騒ぎしている所へシャスが行って叱りつけて退散させた。ネパール人は西蔵内で商業を営むものが非常に多く、数十年前はラサに領事館に類似した機関を設けて彼等を管理していた。彼等は横暴で何とかいうとすぐ人と喧嘩する。従って雇われている西蔵人の使用人までも真似をする。平民は常にそのために迷惑を蒙っている。小帝国主義の小蛮人共と来たら実際仕様がないものである。もともとネパール人の西蔵内に居住しているものは大部分西蔵人の妻を娶っている。西蔵の政府はその妻を依然西蔵籍として人頭税を課している。ネパール人は、嫁に出たのであるから籍は出たのだとて税を納めない。かくて過去にしばしば悶着があったが、今日両地が武器をとって相見えんとするに至っているのもこれが遠因である。

第四十一章　蝙蝠の如く

翌日先ず西蔵の要人達を訪問しようとしたが、シャスが止めて、外来者はダライに謁見しないうちは他のものに会えないことになっているという。恐らく賄賂を防ぐためであろう。それでは直接ダライに会わせて欲しいと云うと、貴下の持参せられた公文書は先ず四ガルロンの総部に廻さなければならないと答える。ガルロンというのは内閣々僚の如きものでダライの意を承けて西蔵内の一切の重要政務を執行する機関である。公文書が来ると先ずガルロンの会議に附し上呈すべきものと認めて初めてダライの秘書に渡し、更に彼から折を見てダライに達する。ダライが謁を賜ろうという意思のある時は、微かに口を開いて追って他日と云う。意思のない時はただ黙って拒絶の意を示す。追って他日というのは吉日を選んでという意味である。この手続を履んで行ったのでは少くとも一月乃至二月はかかる。ダライとしては特に優遇を示しているのであるから、私はシャスに是非ダライに直達し早く謁見を賜るようにしてもらいたいと依頼した。後に聞くところによるとダライははじめ礼を厚くして私を迎えるつもりで喇叭手を郊外まで迎えさせ、到着後直ちに引見するはずであったが、その後親英派の某の妨害や某官僚の讒言などがあって、遂に礼も一等減ぜられ、謁見も容易に出来ぬ状態になったのである。幸いダライは人となり聡明果断であったから、後には敢然私を召したが、時既に一月半を超え、その間待っこと久しく実に苦痛であった。

ラサに居る間、私は漢装をしていたから、外へ出ると人がたかって困る。そこで外出はなるべく夜にした。変装して従者も少くして歩いて行けばと云うけれども、然し何と云っても顔の色から髪の形、歩き方まで違うのであるから、どうしても人の注意を惹き、いろいろ面倒が起る。こうして昼は内に籠り夜になると出歩くというのはまるで鼠が食物を盗むようで思えば情けなくもおかしなことであった。

二月十一日命に従い贄見礼として上等の哈達《ハーダ》に蔵銭四両、黄油飯費三両、それに政府の公文書と個人の名刺、この外に綢緞六種、総理遺像及び国民政府蒙蔵委員会の写真多数、茶碗等を添えてシャスを介してダライに呈上した。ダライからの返礼として毎月の接待費七十五両が下附された。西蔵では銀貨も鋳造しているが銅貨が最も広く流通しているので、贈られた接待費も全部一枚二分の蔵幣に替えてあった。それは内地の約三十余円に当る。その銅貨を大きな袋に入れて持って来て机の上に並べて私に検分させたが、その手続は非常に念入りなものであった。

折を見てシャスに西蔵内に於ける英人の数などに関して訊いて見た。すると彼は不思議そうに、西蔵には英人が充満しているように内地では考えているのですかね、実際は非常に少いのです。政府の機関にも英籍の職員は居らず、工場や兵器廠《へいきしょう》にも英人の技師はいません、宗教上に種々の相違があって、西洋人はキリスト教を信仰して仏陀を排斥しますから西蔵人と英人とは根本的に相容れません、前に西蔵では孫総理が耶蘇教であると聞き、そのために人々は敬して遠ざけたのですが、外人ならば尚更のことでしょう」と云う。後私の見た所ではなるほどその通りであった。しかし西蔵は英人に窺われ、内部に於ても英国に傾くものが少くない。地勢と宗教の関係で、そう短時日にはその野心を逞《てい》しうすることが難しいだけなのである。国民は今のうちに未然に防がなくてはならない。

数日後ネパール事件に関して英人のレンデインなるものが入蔵した。彼はネパール人であるが、自分では英籍だと云っている。彼はその後私の入蔵の目的を妨害し、あまつさえ私を陥れようとしたが、成功しなかったことは私にとって幸運であった。

その夜、清真寺《モスク》に赴き回教の教義を聞いた。それによると清真とは清浄にして純真なる意で、回回とは天地を逆旅とし天堂に帰するを至楽となすの意である。その説くところすこぶる道理に適ったものであると感じた。ちょうど同行したものが閉斎の儀をするのを見ることが出来た。閉斎というのはその翌日飲食を禁じ門を閉じ謹慎することである。彼等回教徒は今なおこうした儀式を自由に行い得るのである。これによってダライ並びに西蔵官吏にもなお外教を排斥する意思のないことを知り得た。

第四十二章　西蔵政府の組織

西蔵政府の組織を知りたいと思い毎日シャスに訊ねて見たが、彼は初め言葉を濁して事実を語ろうとしない。政府から禁じられていて機密を洩らすことは出来ないと云うのである。で私は、外人はもう詳しく偵察しているのであるから今更秘密にするまでもあるまい、はっきり知らせてくれた方がよい、自分はそれによって却って彼等の誤りを正すことも出来る、それに組織系統と機密とは別で、一方は外形的なもの、一方は内容的なものであるから、組織に就ては話しても差支えないではないかと云うと、彼もやっと納得してぽつりぽつり吐き出した。ここに彼との数次に亙る談話及び他の人々との会談によって得たところを綜合して略述しよう。

西蔵に於ては、中央政府と地方政府とは状態を異にしている。地方政府は具体的でなくて微力であり、詳略の点で大きな相違がある。中央政府に於ては全くの秘密主義であるが、地方は簡略である。中央は云うまでもなくダライが最高権を有し、ダライの下に蔵王がある。蔵王の決定は以前は各大フトクトの選挙によっていたのであるが、近来はダライによってその意中の人物が任ぜられている。その資格としてはダライの一族であることが相当重視せられるが、学識もまた一つの標準となっている。前に四人いたが、三人は既に死去し、残っているのは一人の青年、名をラオチロンチンと云いダライの母方の甥である。嘗ては王とダライは政教を分主していたのであるが、或る世代にダライが王を殺して政権を奪い、今日では蔵王はただ虚名を擁するに過ぎないのである。王の下には秘書処とガルロン閣議の二大官庁があり、他に軍事総司令部がある。秘書処は専らラマを管理する宗教的のもの、閣議は人民を管理する政治的なもの、司令部は軍事を掌り、その下に警察庁をも附設して治安に任じている。表にすると次の如くである。

ダライ——蔵王
- 秘書処
- ガルロン閣議

軍司令部
- ダライ警衛団長
- 常備兵八団長
- 地方兵十二団長
- 砲兵二団長
- 警察庁

使用の吏員は各機関によってかなりの差異がある。ダライには内秘書三乃至四名、侍従長官三名、侍医一名、製食官一名、監食官一名、近侍（靴を脱がせたり床を敷いたりする）一名、占卜を管理する官一名、量食官一名、総堪布《カンプ》一名、侍衛（西蔵語でジェンカという。これには体格のよいものを選び厚袍を着用させている。仏経の四天王に倣ったものである）四名、これらは職位こそ無いが儀礼を糾す責任を有し、若しも大堪布《カンプ》に違礼の事があった場合には、これを弾劾する権がある。製食官以下はラマ堪布《カンプ》であるが、量食官のみは小堪布《カンプ》である。これらはすべて官等一級から五級までであり、賎役に服しているからとて卑下することなく互に大きな誇りを持っている。事実彼等は権勢を有し、大官の進言し得ないことでもなし得るのである。製食官と監食官の職務は前者は料理を掌り後者はそれを記録する。もしダライが病気になれば直ちに記録を調べ、厨房に疑いあれば製食官が責任を負うのである。

蔵王には秘書二名、侍従長一名、門警二名、製食官一名、近侍一名、伝令二名がある。門警は、資格や関係よりも、専ら体軀の堂々とした風貌の厳めかしい者を選ぶことは、北平の動物園で門番を雇う場合と同じである。

秘書処（西蔵語でニコチャンという）は寺院内に設けられ、職員は悉くラマで俗人を雑《まじ》えない。その内に四品秘書四名、五品秘書管理一名、書記二十余名、見習生四名あり、ラマにして職に任ずるものは必ずこの見習生を経なければ役につけないのである。外に画師四名あり専ら装飾等を掌る。

内閣（西蔵語でゴシャ）には四名のガルロンあり、内三名は俗人、一名が僧侶である。会議制を採り、蔵王がその主席である。一品の秘書四名、二品の秘書一名の外に秘書室書記四名、副官四名、画師一名、護照管理書記四名、製食官一名、ネパール籍秘書二名、漢籍秘書二名あり、いずれも級は五品。通訳四名、近侍四名、伝令四名、この三者は品級がない。品級と云えば内閣の秘書は秘書処の秘書よりも三級高いが、政権が教権より低いのであるから、双方の秘書の勢力はほぼ同等である。内閣の職務は極めて繁忙で職員は朝から晩まで勤務している。

司令部には総司令一名、副司令一名（現在欠員）、秘書二名、ダライ警衛団団長一名、前蔵駐防兵団長四名、後蔵同、地方兵団長十二名、砲兵団団長二名あり、外に警察庁団長二名あり、いずれも級は四品である。警察庁には秘書二名いる。

第四十三章　豪奢な誦経会

三月五日は西蔵暦の正月六日である。西蔵の新年で市中は大賑わいで人出が多い。私は毛布にくるまって床に寝ていたが、心が落着かない。すると侍者がシャスからの使が手紙で持って来たと知らせに来た。召し入れると、シャス夫人が一緒に新年を祝わうという誘い。やむなく着物を着て出かけた。道路には観衆が垣のように立並んでいる。シャスの護衛兵がかきわけて私達は進んだ。ダライの親衛隊が騎馬で通るのを見た。その服装は珍らしく、刺繡の色模様に金をちりばめ非常に派手なものである。それが通りすぎると次は外賓が続く。ネパールの使臣、英人レンデイン及び蒙古王公代表、シッキム〔印度の東北部ヒマラヤ山中にある英国の保護国。もと西蔵の一地方であった。〕代表等で、蒙古代表が赤い頂子《チンズ》に鳥の羽飾りの附いた帽子を冠っている外は、みな西蔵人の営長級の制服を着ている。その次が四ガルロン、各々黄色い四角な緞子《どんす》の包みを背負っている。ダライの玉璽が入っているのだそうである。一同の乗馬は殆んど英国から買ったもので、従って飾りなどもすべて洋式である。最後がダライラマの乗輿《じょうよ》で、その後に一般大小ラマがそれぞれいかめしい衣冠をつけてついて行く。ダライの輸は黄色い緞子で被うてはいるが、大体清制の八人舁《かつ》ぎの大轎に似ている。花嫁の轎のように四方を閉め切って内からも外からも見えないようになっているから、女子供が沿道で歌を唱い舞を舞ってダライを娯しましょうとしているが、ダライには見えないのである。道の両側にはラマが大勢長い棍棒を持って整理に当っているが、それは一寸中国の童子軍《ボーイスカウト》に似ている。この儀式は毎年一度必ず行われ、西蔵ネパール間の関係悪化せる今日でも中止し得ないのだそうである。

十一日には蒙古の代表がラサの三大寺で大誦経会を催したが、それは西蔵中を吃驚《びっくり》させたほど大がかりなもので、費用も莫大なものであった。先ずダライに珍貴な品を一千種贈らなければならぬし、蔵王に三百種、各地の主要ラマ及び三大寺の全ラマ二万余人に一人宛蔵銭六枚を贈り、誦経の時は油、茶、灯明類の供物の外、ダライに緞子五十四、黄金五両を贈って祈禱する。その豪勢なこと推して知るべしである。その頃人々は私達もこれに倣って大々的な誦経会を催すであろうと噂したので可笑しくて仕方がなかった。もっともその後蔣主席個人のために小祈禱会を催した。蓋《けだ》し俗に順《したが》ったわけである。

第四十四章　大招寺

人目を避けてジョカンを訪れた。仏廟という意味。漢人は通称大招寺と云っている。唐の文成公主［唐の皇女で、チベット王ソンツェン・ガンポに嫁いだ。文成公主らの勧めでソンツェン・ガンポ王はチベットに仏教を導入した］の記念堂である。西成に入ってラサに来たら何はともあれ最先にこの仏を拝しに行くことになっているのである。この寺の本尊は文成公主が中国から持参したもので、霊験あらたかであると伝えられている。内部に入ると堂宇宏大《どううこうだい》、一万人以上収容出来ると思われる。漢字の区額が至る所の棟にかかっているが、香煙のために黒く燻《くすぶ》って文字は殆んど判らない。通路が薄暗く壁や窓も不揃いのところを人が一杯でひどく混雑している。毎年そのために足を挫く者があるそうだが、蔵人はこれをポーサの咎《とが》めと云っている。唐の貞観年間、蔵王スンツァンガンボが二人の妃を娶った。一人はネパールの女王で、一人が唐の皇女であった。西蔵語では漢の女をチャサ、ネパールの女をポーサと呼んでいるが、伝えるところによれば、この大招寺は文成公主親《みずか》ら設計したもので、ネパールの妃はその完備せるを妬み、後に多少の変改を加えたためにこうした欠陥が出来たのだそうである。大殿の左側に小さな羊の像がある。建造の際土を運んで功があったからだという。他に女神の像がある。美しい顔に微笑をたたえすこぶる巧妙な彫刻である。その上を鼠がぞろぞろ這い廻っている。香火僧が指して神の虱《しらみ》ですと云う。文成公主に関する伝説は今なお西蔵に二三伝っている。唐に公主を迎えに行った大臣のロンプチャワが道すがら公主と恋に陥ち、子が生れてまもなく死んだので、昌都の近くにある百塔子に葬った。そのためにわざと廻り道をして一年後にやっと西蔵に着いた。その時ポーサはすでに蔵王に嫁していたが、文成の美貌を見て嫉妬し、郊外まで出迎えに出た時も、そっと王に向って、鼻がない、いやらしいと云ったり、公主はわきがだからと云って王に鼻を掩《おお》わせたりした。こんな風で初めて会った時から互に憎しみ合い折合が悪かった。しかしこれがまた西蔵に於ける多妻制の創例でもあるそうである。

門を出ると、大門の外に額いて牛飼女が一心不乱に仏像に叩頭している。附添のものが笑って私に云った。

「昔は馬をお供えしたものでして、それに乗って門の前まで来ますと柱に繋いでお供え申しますお供え申しますと云って帰ったものです。仏様が物を受取ることの出来ないのを知らんのですな」

またこんなことも云った。

「平民がお詣りする時、チュパ〔牛飼女〕は階段の下り方がわかりません。猫が頭を下にして下りて行くのを見ましてその真似をしましたところが、ころころと転り落ちました」

こういう悪口話しは到る所で聞いたが、西蔵人は愚昧を嘲弄することが好きで、しかもなかなか妙を得ている。

この時はちょうどラマ節で、市中の廟内にも尖った帽子を冠り赤い衣をつけた連中が大勢見えた。大体正月の五日から十五日まで三大寺のラマ僧は全部大招寺に移って経を誦し豊年と民福を祈ることになっている。そしてこの十日間は政府の事務も殆んど停止されて僧侶が一切を掌握し、軍警は全部家に閉じこもって逼息し、ラマと同列を許されない。衝突の起る虞れがあり、政府に鎮圧する力がないからである。平時僧徒は入城の際往々警衛兵の干渉を受けるし、政界に対し不満を抱いているものもあって、何かの機会に復讐しようと窺っているから、時々それが爆発する。ラマの中にブダトというものがいる。武勇を恃み好んで悶着を起す。禿頭の前の方だけ左右に髪の毛が残っていて、その幅一寸長さ一尺に余り、それを耳のところに垂らし、拳撃の時にはどんな相手に対してもこれを引っぱれがしに見せびらかす。顔は釜底の墨を塗りアフリカ人のように黒く、短い裙子《はかま》をはき、腰には帯を巻きそれに長い鍵を吊るし、喧嘩の時はすぐそれを振って刺す。大体僧侶は裙子の長さで温和しいか乱暴か分ると云われている。経堂に上る時は通行の道路を清掃させ、汚くしておくと処罰する。しかし経が済むと市民が到るところ小便を垂れ散らし臭気鼻を衝く。

法会の際、寺内で叱茶という行事が行われる。それを見たが実に滑稽なものであった。法会のたびに一万人以上の僧侶が集まるので、茶を沸かす釜も巨大で、小さな家ぐらいある。ラサは薪が少いから、監督ラマが早く沸くように釜を叱って催促するのである。その儀式がまた極めて荘厳で、彼等は児戯と思わず効能があるものと信じている。ラマが竈の前に立って先ず名を呼んで叱る。その言葉は大体「水よ、薪よ、釜よ、汝等知れ、我等民のために仏事を営む、民の禍福に関わること特に大なり、今汝等を用うるの時、各々努力して助成せよ、然らずんばまさに重く懲しめん」というのであるが、言い終ると腹立たしげに立去る。観衆もその命令に効力あるものと信じ、沸き出すまで待ち、讃嘆久しうしてその場を去るのである。

第四十五章　ロプロンハ宮に入る

奸人に妨げられ、月を越してもまだダライに会えない。或る人が献策して大臣の一人に頼んでダライに極力すすめさせてはどうかと云ったが、私は正々堂々たる名義で来たのであるから、奔走策略を弄するは屑《いさぎよ》しとしないと拒り、もし召見《しょうけん》を得られないならば三月の末に帰国して復命する、中蔵間の分離結合は政府が決するであろうと云った。するとまもなくシャスが来て、ダライは貴下の来意ならびに途中に於ける辛苦は十分承知していられる、接見は問題ではない、実はダライは目下梵語を習っていられて、それがまだ終らない、だから貴下も気を取直して一両日待たれた上お目にかかられよと云う。西蔵軍の総司令ルンシャも人を寄越し、貴下の一身は中蔵に懸っているのであるから心静かに考え直して頂きたいと云って来た。仄聞《そくぶん》するに、英人のレンディンなものが親英派の人々と密謀してダライが私を引見するのを妨害し、私の中国へ帰ることまで阻止しようとしているとのことであった。然し彼等が私を陥れる途は殺害か軟禁の二つしかない、身は既に百患を経ている、今更少々の苦痛は何でもない、そう考えて心を落着けて待っていた。

さて、そうこうしている内に驚くべき知らせを耳にした。ネパール兵が西蔵領を占拠し西蔵政府ではすでに総動員令を下し、各地駐在の軍隊を一月以内にラサに集結して待機せしめるというのだ。それには西蔵在住の漢籍の青年も尽く軍隊に編入するとのことで、漢人達はこっそり私のところへ来て、泣いて私にダライに向って止めるようにして頂きたいと云う。しかし私はまだダライと国事に就て話し合っていない、どうして少数の青年のために進言し得よう。聞くところによると、西蔵とネパールとの戦争の原因は、西蔵政府が煙草を厳禁しているのにネパール商人の或る者が法令を無視して街中で大ぴらに吸った、西蔵の警官が逮捕に赴き、ネパール領事館に逃げ込んだのを追って捕えて殺した、そこでネパールから抗議が舞込み、遂に兵を動かす事態になったのである。

こうした驚きの最中に伝言あり、ダライが今日謁見を賜るという。時に三月二十八日であった。突差のことで、喜びと心配が交錯して心落着かず、大急ぎで身支度や乗馬の用意にかかり二時間ばかりでやっと整った。シャスが駆けつけて来た。茶を頂く時ダライは自分の使う茶器は使わせないから、木の椀を持って行ったがよかろうと云い、また私の革の靴を見て、宮中では靴鳴りの音を嫌うから換えて行ったがよいと注意した。私はその時はもう馬に乗っていて下りるのが面倒だったし、それにそうまでするに及ぶまいと思った。茶器も木の椀でなく小さな磁器の碗を手巾につつんで持って行った。従者はもし壊《こ》わしでもしたらダライが不吉がって怒るであろうとひどく心配していた。

四人の従者が門を開き五人馬を連ねて出発した。前に私を見ようとして未だ見る機会のなかったものが待っていて城からロプロンハ宮に至るまでの沿道に立っていた。城と宮殿との間は約三里離れ、道は広く平坦で立派な馬路である。宮門は巍然《ぎぜん》と聳え立ちほぼ北平の故宮に似ているが、内殿になると完全な西蔵風である。門の上にはダライの居処を示す金の紋章がついている。ロプロンハとは、前の二字が摩尼宝珠、後の三字は柳林を意味する華貴幽雅な名である。内に入ると、塀に挟まれた細長い道がゲサンドシ殿までつづいている。これは永遠平安という意味で、ダライはここで接見するのである。宮中にはこの外に快楽宮という意味のピンチョタシ殿等八ヶ処あり、ダライは時々移り住んで一ヶ所にばかりいない。謁見の時は大殿に登り宝座に坐す。表面はすこぶる鄭重《ていちょう》であるが、実際は謁見者はただ頭を下げ撫頂を受けて御機嫌を奉伺するだけで、それ以外は一言も発し得ないし、私室に居る時も卓を隔てて語るのである。

先ず宮殿の左方にある内秘書のチュイン・チンプの居る所へ入る。取次を請うわけである。彼の案内で細道を伝って進む。果して靴が鳴る。これは大変と足を軽く踏む。道傍には低い樹木が植わっていて美しく手入がしてある。幅一尺ばかりの小川が縦横に走り、さらさらと清い水が流れ底が透いて見える。ダライの飼育している各種の珍鳥が囀《さえず》り誠に悦楽の天堂の名に愧じない。ダライが鳥獣を拱璧の如く愛しているとは前から聞いていたが、中でも珍しいのは黄、白、黒と様々の色の馬のいることで、犬も大きいのは小さな驢馬《ろば》ほどもあり、頸に小さい鈴をつけて殿堂の入口に畏《かしこま》って守衛の役をつとめている。初め見た時は全然何であるか分らなかったが、それと知ってびっくりした。案内の人や侍従の者は私の気を察して警戒してくれたが、犬の方では首をあげてじっと動かず、厳めしい顔つきをしたまま私達の方には注意しない。後門に来ると門衛がいて、ダライが正門から入るように仰せられたと云うので引返して道をかえて進む。そこはまた変った趣がある。地には一面小さな玉のような光沢のある美しい石を敷きつめて模様を描いている。広い中庭に入ると突きあたりが殿の正面で、階段に絨氈《じゅうたん》が敷いてある。私達は互に呼吸の音が聞えるほど静粛に歩いて行った。入口に黄色い緞子《どんす》をまとったラマが四人立っている。身の丈高く容貌極めて獰猛である。ダライはよほど風変りな人であると私は思った。

第四十六章　ダライラマとの最初の会見

左方から入り階段を十段上ると、遥か向うにダライが北面し低い台に坐っているのが見える。台の高さは約三尺、黄色い緞子で縁取った厚い褥《しとね》を敷いている。室の周囲には仏像が掛けてあり、右に茶道具などをおいた卓子と珠数をのせた小さな机がある。小姓の外に侍従長官が一人傍に立っている。この時のダライはラマの服装を着しにこやかに笑顔をたたえていた。牛の角のようにぴんと張った髭《ひげ》も写真で見た通りであった。哈達《ハーダ》の礼が済むと、私は西蔵籍である関係から、個人の資格で三叩頭《さんこうとう》の礼をした。予めシャスについて数日練習し、必ず五体を床に投げ出すようにと云われていたがとても出来なかった。練習中可笑しくなって噴出したのが、それをここで繰返しては大変だと思ったので、ちよっと膝を曲げ首を傾けただけに止めた。膝が床についた時、ふと茶碗の置きどころに困った。そっと傍に置いて礼が済んでからまた手に持ったが、我ながら玩具を手離せない子供そっくりだと思った。座を賜り小さな卓子を中にしてダライと向い合った。小姓が実物を扱うように茶を碗に半分ついだ。その茶は濃すぎて渋くとても喉に通らない。しかし西蔵人はこの濃い茶が好きだと云うのだから人間の好みというものはまちまちである。先ず、西蔵語が話せるか、通訳をさせようかと問うた。私は不要である旨答えると、次に途中の労苦を劬《いた》わり撫頂を賜った。ダライは元来女には手を触れない、触れたのはこの時が初めてである。それで西蔵の人々は私が仏の撫頂を受けたと聞いて破格の光栄だと云った。次いで西蔵文が書けるかと問われたので、文章はよく作れませぬがと云い仏爺の健康を祈ると書いて見せたところ、にっこり笑い、

「今後予に書信を致す要あらば、自書せらるるがよい」と云った。

私が長い上衣を着、大きな足をしているのを見て、不思議そうに、

「十余年も中国に行かぬが、すべてかくの如く変ったのであるか。曾て余が西寧〔青海の首都〕に居った時、女子は短服をまとい足は小さく鴨のようによちよちと歩いていていかにも憐れであったが……」と云った。

長い間坐っていたので腿がしびれて来た。そっと足を伸したところ、仏は「坐り慣れぬと見えるな、起ったがよい」と云った。そこで一度立ち、襟を正して坐り直した。すると今度は起居、飲食について問う。すべて安適なる旨答える。身の上に就て問われたので、祖先は漢籍であったが、後西蔵に移った、父の名は劉栄光と云い、曾て進貢大臣の秘書として北京ラサ間を往復したが、蔵漢両国衝突の際家を破壊されたので印度に移住した、当時自分は九歳であった、印度に三年住み北京に移り、民国十七年新都に入って国民政府の書記となり、半年前初めて使いして当地に来た、と答えた。

ダライは私が西蔵生れであると聞き非常に喜び、中国で何年学んだか、現在内地に蔵籍の学生はどのくらい居るかなど訊ぬた。小学校に三年、師範に四年学んだ、現在内地には蔵藉のものが少いので従って学生も多くは居ない、政府が最近専門の学校を建て勧奨する由なる旨答えた。次いで帯び来った任務について述べ、

「北代成功し国民党はすでに軍閥の手から政権を奪回し、南京に政府を樹立し、一切の施政は総理の三民主画建国大綱によって進められ、五族の真の共和のため積極的に努力して居ります。大政を主持しているのは総理の忠実なる信徒蔣介石先生です。蔣先生は内地の建設に努力している外、辺境に対しても特に注

意を払っています」と云った。

「蔣先生はお幾つか」と問うので、総理の遺像と共に蔣主席の近影を呈上した。ダライは手にとってじっと見ていたが、やがて侍従に渡し室に掲げておくように命じた。私は更に次のように云った。

「蔣主席以下各院部長官はいずれも中国の分裂につき甚だ痛惜《つうせき》しておられます。西蔵が英人の干渉を受け、全中国の外に独立して行くについて譲歩できるか否かは別として、出来得れば機会を得て相互に了解し昔通り兄弟のように睦《むつ》み合いたいものであります。私が今回万死に一生を得て当地に参りましたのは蔵漢人の二重の資格からでありまして、中にあって両者の結びとなりたいと存じたからであります。何卒仏爺に於かれましても、大局を顧みて御考慮ありたく、明瞭なる御回答を賜りとう存じます」

するとダライは云った。

「予の考えも卿と全く同様である。然し今直ちにと云うわけにはいかぬゆえ、今一度会って詳しく申述べよう。卿は万里の遠きより来りその苦心並びに途中の言動常に我が西蔵のために計りしこと余は十分承知致しており喜ばしく思っている。決して卿のこの度の行を無にすることはないゆえ安心するがよい」

この時私は西蔵側の偵察の行届いていることに一驚した。途中の一言一動まで悉く探られていたのである。ダライの言葉が終らぬに、侍従官が皿に菓子をのせて勧めた。手に取ろうとすると忽ち引込めて持去ってしまった。突差にこれは礼を失したと感じ思わず頬がほてって来た。ダライも見て笑っていた。宿に帰って従者が袋の中から取出したのを見て初めて、あの時はただ見せるだけで面前で食べるのでなく、持ち帰って一同に頒《わか》ち与えて頂くものであることが解った。私は侍従官が初めのうちは近くに立っていたが次第に遠のいて行くのを見て、食物を出すのは客に退席を促がす意味で、てっきり中国の官界で茶碗を出すようなものであろうと察したので、暇を乞い案内されて室を出た。そこで下役達に西蔵銭一枚ずつ心づけを与えた。一同過分であると云っていたが、そのため私に対する礼は非常に鄭重であった。宿に帰ると、親族は上等のツァンバを作り紙の旗を挿して祝い、最先に私にすすめた。一同はダライから賜った糖菓を分け頂き、歓喜して杯をあげ漢蔵和好の成功を祈った。二年越しの苦心のすえやっとここまで漕ぎつけた私の喜びは云うまでもない。

第四十七章　西蔵の新人と西洋の浪人

ダライとの謁見が終ったので慣例に従い蔵王並びに四ガルロンを訪問しなければならない。そこで先ずジャルンの許へ行った。彼は四ガルロンの首席であるが、狡猾で口達者な曲者であると聞いていたから、私は訪問する前に胸中如何に語るべきか考慮を廻《めぐ》らした。行くと建物の外観は西蔵式であるが、門を一歩入ると階段の広く曲折しているところなどはすでに洋式で、応接室に入ると卓子、ソファなどがあって完全に洋風である。召使が茶を持って来たが、それも珈琲に牛乳で小さな匙と角砂糖、何のことはない洋食堂に入ったと同じである。主人は笑って、

「私のことをみなが親英派だと云っていますが、貴下もこうして洋風の家に入って洋風の茶を飲まれるとやはりそう感じますか」と云う。

私は答えて、

「内地でも中流以上は住居も食物も大抵洋化しています。しかし我々が日常品を選ぶ標準は便不便にあって欧化か否かは問題にするに足りません」

すると彼は我が意を得たりと頷いていたが、またこう云った。

「誰でもがそう考えてくれるとよいのですが、西蔵人は頑固で、たまに旧いものと違ったものを見るとびっくりして天に反くことと思うのです。私としては西洋を学びその長所を採るので、何も西蔵を売り中国を売るという考えはないのですが」

「どうかその御言葉を変えないで頂きたいと存じます。苟しくも西蔵を愛し国家を愛し刷新の志があるならば、貴下の些々《ささ》たる行動は別に咎めるに当りません」

「内地では革新の気欝勃《うつぼつ》たるものある由、残念ながら私はその盛況を見ておりませんが出来ればその治政の法を学び我が西蔵に応用したいものと思っています」

西蔵の青年の思想は、と訊ねたところ、曾て江孜《ギャンツェ》に学校を開設し、一団の学生を英国に派遣したが、多く貴族の子弟で贅沢にしかも我儘に育っているため留学に堪えられず匆々帰って来て社会に貢献するだけの力はないと云う。

話している間にグンチェチュンニ氏が来ていることを知って会うことになった。彼も政府の命で私と前後して西蔵に来たのである。ジャルンと同門で親しい間柄なので当地へ来てからここに泊っているのであった。召使に呼ばれて間もなく入って来たが、非常に畏って、北平の雍和宮にいた頃、私が本を持って道を通るのをしばしば見かけたと云う。しかし私は見覚えがない。同じく国事に尽しているのであるから、一家人の如く今後事ある毎に相談しようと申合せた。私は前に謡言《ようげん》を聞いていたのでわざと皆の前で彼に向い、私が何人から派遣されたものか御存じであろうと訊いてみた。すると彼は、出発の際古《クー》文官長からよく承っていると答えた。

やがてジャルンが夫人を呼び寄せた。淡い化粧に濃い装いで実に模範的な貴族である。身体からぷーんと異様な香を発する。上等の香料を用いているらしい。彼女は私を案内して部屋々々を見せてくれた。客間に蔣主席の像が英国皇帝皇后の真影と並んでかけてある。彼はこの日私が主席の写真を見せた時じっと見つめて如何にも旧知のようであったが、成程とそのわけがわかった。廊下を伝って寝室に入ると、中には鉄のベッドや大きな衣裳鏡などがあり立派な洋風の寝室である。家具はすべて英人のレンデインが贈ったもので一品百円千円するものも少くなく、西蔵人に云わせると西蔵第一の邸宅だそうである。

レンデインは全くの流氓で国籍も身分もはっきりしない、瞞着阿諛《まんちやくあゆ》に長けた奸人である。ジャルンはもと彼と親密であったが、かつて印度で宝石を買わせた時大分金を胡魔化され、それ以来疎隔していると云う。私もその後ジャルンの庭園で彼と同席したが、一種軽薄下品な態度が見えた。しかも私に危害を加える意図があると聞いていたので誓戒を怠らず、傍へ寄って来て話しかけても碌々返事をしなかった。宴会が終って来客一同市中を歩いて行った時、彼は警官が銃を担いだまま居眠りしているのを見て「私が警察にいた時はあんな醜態はなかった。もう一度叩き直さにゃいかん」と云った。職を退いて客分となるや忽ちこんな暴言を吐く。実に呆れ果てた人間である。

第四十八章　蔵王

道をかえて蔵王を訪う。王宮はセメンシアと云うラサの負郭《ふかく》にあり、四周城壁を以てめぐらし建物は荘大であるが、設備の華麗な点に於いてはジャルンの邸宅に遠く及ばない。門内の広場が非常に広く、ここは芝居をするところだそうである。広場の三面に厩がある。室内の隅に内外二つの腰掛があるが、貴賓は内に、一般の客は外に坐すのが西蔵の通例である。入れば、王は高位に坐し僅かに身をかがめて床《ゆか》の敷物に坐るように命じたので、私もこれに対し鞠躬《きつきゆう》の礼を一度したきりで互に尊大に構えていた。やがて蔵王は私の敷物が低くすぎるのを見て椅子と取りかえさせ、それで今度は私の方が彼より高くなった。会談に先だち謙遜な挨拶をし、自分は年も若く〔二十七歳〕、遊歴も広からず学問経験にも乏しいものであるから何卒中国及び世界の現勢について説明し蒙を啓いて頂きたいと云う。前には傲然《ごうぜん》としていたのに急にその態度を変えることが出来るとはこれはなかなか一通りの人物ではないと感じ、努めて慎重に話した。王が私の使命並びにダライとの会見の顚末《てんまつ》を訊ねたので、私は不思議に感じた。彼は政府の要路者なるに拘らずこのことに就て何も知らないとは、時間が無くて未だ知らせを受けていなかったからか、それとも虚位で機密に与り得ないからであろうか。

その晩シャスがかけつけ、密電が入った、それによると中国に内乱が起り、北五省は閻錫山を助け中央に叛き、張学良の調停も効なく、前線ではすでに戦火を交えている有様で、政府は又また南北に分れたと云う。心中ぎくっとした。考えて見ればありそうなことであったが、表面は落着いて、それは恐らく奸人の放った謡言であろうとさりげなく云った。シャスは半信半疑の態で出て行った。次の日は残りの三ガルロンを訪ねたが、その応接並びに談話はほぼ同様であるから贅述は避ける。

第四十九章　ルンシャ将軍

四大臣に会った後、ルンシャを訪れる筈であったが、病気とのことで後日にした。実のところ私は数日前彼にはもう会っている。彼が私邸に宴を張り歓迎したからであるが、その時は私的なもので公式の会見ではなかったから国事には一言も触れなかった。その日彼は衛士二名を迎えに寄越したので、私は二人の従者と四騎で出席した。会場は第二夫人の邸。彼には先に一人妻があったのだが、蔵王ラルーの妃であったのを王の死後ダライの命によって賜った。ラルーと前のダライは近い親戚であったから今なおダライはこの第二夫人を親戚として待遇し、夏はしばしばその家に寄寓する。従ってその家にはダライの宮が二ヶ所もあり、いずれも宝座が設けてある。私達が門を入った時には、第二夫人ははや庭で待っていて、手を差伸べて挨拶し旧知のような親しさを示した。居間に入ると美麗瀟洒《びれいしょうしゃ》を極めている。甞《かつ》て英国に留学し、また日本にも渡ったことがあるそうである。まもなく第一夫人が入って来た。彼女は第二夫人よりも十歳ばかり若く非常な美人である。同じく英国留学生である。向うで撮ったという写真を見せてくれたが、胸の開いた洋服に髪を垂れた姿は西洋美人にもまして美しい。彼女自ら云うところによると、ルンシャと倫敦《ロンドン》に滞在中、英人が彼等夫婦を誘って英国との最恵約款に署名させようとしたが、終始拒絶し通したそうである。

この寓には高楼あり池水あり、南園にはボートを浮べた湖水があり、中に青草の茂った島がある。西園に行くと雇いの楽人達が音楽を奏で歓迎の意を表した。日が暮れると満園ガス燈が点り昼のように明るい。

音楽が止むと一同座について盛大な宴席が始まった。座中では英語を使って笑いあっている。私もたまたまそれに和したところ非常に驚いて早速手帳を出して横文字を書かせる。書けないと云って拒った。ルンシャは「切に中国を思う」という意味の句を書いて、歓迎の意を示すと同時に自分の洋文を能くすることを表わした。その後でルンシャの奏でる楽器につれて二人の夫人が歌を唱った。怨むが如く訴えるが如く哀婉《あいえん》極まりない調子である。私も中国調をとすすめられて二つばかり披露して喝采を博した。侍女達がじろじろ私を見て何か夫人に囁いている。何かと思ったら、髪の形は西洋人のようだし、手も小さく背も低いが、顔や肌の色が大変美しい、一体幾つでしょう、美容術を習いたいから訊いてくれと云ったのだそうである。私は非常に困ってしまった。

「私は子供の時から男の子のようにいたずらで、方々漫遊したいと思っていました。根がやんちゃだものですからとてもおしゃれなんかして男のおもちゃになる柄ではないと知っていましたし、それにずっと国事のために奔走して年など忘れ、うかうかしてもう二十四五歳になりました」

こう云ったところが、彼等も私がつまらぬ児戯に類した事は云いたくないのだと察し「中国は気候が温かく身体にいいからそうなんでしょうね」と云ったきり話をかえた。

二日の後、ルンシャの病気も治ったと聞いたので、その役所へ正式の訪問に出かけた。そこは城から三里も離れたシュエというところにある。私邸を一時公用に充てたもので、建物は通りに面し、窓から見下せるようになっている。彼は中国清代の礼服を着し、貂《てん》の尾のついた大きな夏帽を冠り、右の耳に莎金を垂れ、左の耳には小さい環を附けていた。西蔵に於ける高級官吏の常制である。彼は手を拱《こまね》いて入口に立って私を招じ入れ中国旧式の礼をした。室内には小さな炕《カン》（火気の通った寝台）があり、私を上座にすすめた。西蔵の礼では主人が客に会う時は自分の方が上座に就くものと聞いていたから、彼のこの礼は中国式に倣ったものであろう。

やがて公式に、私が何人から派遣されて来たのであるか、書翰の中で蔣主席の名の下に古応芬代行と記してあるのは何故かなど渡場の役人が通行証を調べる時のようなことを云うので、私は可笑しくなった。

「蔣主席は北上して不在でしたから政務は代署せしめられているのです。私は文官処の職員ですから、その長官たる古《クー》氏の名が署名してあるのです」

彼は私の顔色のけわしいのを見て、

「近頃或る者が貴下のことを贋物だと云っていますから、念のため詳しくお訊ねしたまでです」と云い、「私は貴方の父上から音楽を習い、代々交際のあった仲ですから、出来るだけのお力添は致します。どうか御疑念なきように」とつけ加えた。

彼の言葉によって、我々は我々を妨害しようとする者が内地から印度を廻って来ており、ダライに向って、中国ではまたも内乱が起っているし、劉某の経歴もいかがわしいものであるから会わない方がよいと告げたということが判った。ダライもこれにはかなり意を動かしたらしく、民間に於ける熱烈な歓迎がなかったら、恐らくこれによって阻止されていたかも知れない。

ルンシャは更に、中央は自分の如き愚昧なものに対してまで鄭重なる書翰を寄せられ誠に感激に堪えない。進んでその知遇に酬《むく》いたいと思うと云った。（国民政府の公文はダライとルンシャに宛て、それ以外はないのであった。）

私もそれに乗じて極力勧め、ダライに進言して速かに中国に全権を派遣するよう計らって頂きたいと云った。また彼の言葉の中に三民主義と共産主義を混同している節が窺われたので、三民主義は強壮剤のようなもので、性は温和だが効果は大きい、共産党は下剤のようなもので燥急猛悪で人を殺す、両者は全然別物であると説き、また信教の不自由を憂慮し宗教の異る点を指摘したに対しては、西蔵人の気遣っているのは恐らくその点であろうが、然し中国は一つの宗教のみを主としているのではない、従って宗教は政治に滲透していない、政治は適当な条件の下に宗教に対して不干渉の態度をとっているし、法律でも信教の自由は明文化されている、要路の人々もそれぞれの宗教を信じているが、決して宗教の点で相排斥することはないと説いた。

会談中、街の人々ががやがやと窓の下に集って仰向いて指さし、上座にいるのが女官吏だ、布人形〔西蔵の子供の玩具〕みたいだななどと騒いでいる。ルンシャが従者に命じて追払わせた。私は自分の身体がそれほど小さくもないのに何故人々に不思議がられるのであろうか、衣服にぼさぼさした飾りがついてないから、西蔵人の目から見ると瘠せて見えるのかも知れないと思った。

第五十章　三大寺

ゼボン寺のラマのピンユワンが数日前挨拶に来て、職僧一同お待ちしているが貴下が国事に勤めていられるので申し上げなかった、もはや訪問も一通り済まされたであろうから是非一度御来駕ありたいと誘った。私はその言葉の謙譲なるに対し私の仏、僧に対する無礼を顧み深く恥じ、三月三十日訪れることを約した。その日は朝五時に起き馬で行ったが、時刻の早いためか人々の注意を惹かなかった。長い間蟄居《ちつきょ》していたので冬の蛙が初めて池に飛び込んだ時のように嬉しく、目に映る風景も格別の趣きがあった。数里でゼボン寺に達した。沿道をラマが荷をかついでとぼとぼ歩いている。行抑僧で年長の高徳でもやはり徒歩で苦行するのだそうである。寺門の西側に靴や帯、食料などを売る露店があって大勢のラマが買物をしている。

遥か彼方に見える寺は全体ペンキで白く塗られ氷雪境のようである。門を入ると通路の両側に観衆が垣のように並んでいるが、さすが訓練を受けたラマ僧のこととて常人と違い秩序整然としている。細道に沿ってずっと白灰が撒いてある。これは西蔵の四大臣が参詣の時の礼で、私を上図使として礼遇したのだそうである。先ずピンユワンのいる所へ行こうとすると、寺中のラマが制止し、大衆には特別の応接室が設けてある、公式の会見がすまぬうちは私的な招待に応ずることは出来ないと云う。そこで彼について客間に入る。四方の壁には一面精巧な中国の刺繡がかかっている。真中に椅子ぐらいの高さに敷物がおいてある。私が坐り慣れないと聞いて特に設けたものであろう。附添の僧はいずれも白髪の老人で、話しの度に必ず起立し先ず礼をしてから口を開く。私は却って窮屈で落着なかった。彼等は云った。清の官吏は我々に対し厚遇した、中国と宗教を同じくし種族を同じくしているからである、過去に於て多少の齟齬《そご》もあったが、一般の僧侶民衆は今なお我が宗祖の国を思うている、しかるに内地は近来また平穏を欠き徒らに殺伐に奔《はし》っている由、我々教徒の痛心に堪えぬところである、今大使中国の使命を帯びて来訪され既にダライに謁せられた、叡智勝れた仏は必ずや貴下に対し酬いられ、貴下もまた御応答あったことと思う、それをここに披露して頂きたい。私は、御厚意感謝に堪えない、活仏との謁見並びに各大臣との会見は、いずれも僅か一回であったが、今御一同の御希望に副い綜合して申述べる、中国の西蔵に対する態度は差別せず圧迫せざる方針で、西蔵人をして自治自決せしめ、中央の援助によってこれを指導する方針をとっている、その目的は西蔵民の幸福をもたらし五族の真の共和を実現するにある、故に兵を用いず計を用いず誠心誠意を示すこととしている、自分は当地へ来るや先ずこのことを伝達したと答えた。寺内の衆僧は聞いて一同合掌し念仏を唱えた。私はまた云った。中国では近来、邪説迷信を排撃しているが、宗教の価値を認めないのではない、まして仏教を排せんとするものではない、何卒革命後の中国の新行動に対し怪しみ遠ざくることなきよう願いたい。

云い終ってから、各カムツァン、各ターサンを参観し寺内に入った。一同門を開いて迎え入れた。ここは平常は鍵を下して閉じているが、この日は特に私のために観覧に供したのである。また私のために活仏の頭髪から生じたという樹を見せてくれた。それは狭い小路の中にあって、幹が曲りくねって乱麻のようになっている。頭髪から生じたという説も恐らくその形状から出たものであろう。

寺内の組織は寺、ターサン、カムツァン、クッツェの四級に分れている。カムツァンは地域によって分れ、例えば西康籍のラマの居る所をパール・カムツァンと云い、漢人の居る所をチャ・カムツァンと云う。クッツェは少人数同居している寝室で、中に老年の師伝がいて監督している。

三大寺とはゼボン、セラ、ガルタンでこの三寺は西蔵中最も規模大にして地位高きもので僧の数も多い。ゼボンは定員七千七百、セラは五千五百、ガルタンは三千三百であるが、実数はそれ以上である。三寺の性質もそれぞれ異り、ゼボンは花々しく外部に出て政教の榫を握っている。セラは団結堅く実力強大で、西蔵政府が漢軍を駆逐した時などこの寺が与《あずか》って力あり、従って今日でも官庁監督の地位にあり侮るべからざる勢力を有している。ガルタンは専ら苦行を修め世事には関係しない。黄教の祖ツォンカパがこの寺で修行し入寂したといわれ、今なお寺内にその床や衣鉢が遺《のこ》っている。

この外注意すべき両職僧がある。ゼボン寺のシャーゴとガルタン寺のツーパである。シャーゴは執法を主《つかさど》り、ツーパは儀範を主る。西蔵の諺に「正月大経会の時はシャーゴのみが官吏で、ツーパのみがラマである」というのがあるほど赫々《かくかく》たる勢威を有している。シャーゴの中でも寺シャーゴが最高で全寺のラマの賞罰の権を握り、時には人民にまで及ぶ。死刑のみは政府に移管して行うことになっているが、それ以外は一切任意に執行し得る。手に鉄の棒を持っていて、道行く時はそれをついて音をたてる。その音は遠くまで響き、聞いたものは顔色を変える。それで俗に鉄棒ラマと云われている。平常道を通れば、通行人は必ず帽子をとらねばならない、階上から見下してもいけない。私も一度城内で欄干によりかかって見物していて白い眼をむいて睨まれたことがある。或る年ダライが外出し民衆に囲まれて前進出来なくなって、護衛兵が数十人かかって追ってもきかないので、遂にシャーゴを呼んだところ、シャーゴと聞いただけで忽ち退散したということで、一般平民の畏服していること驚くばかりである。シャーゴはダライ自ら任命し、在職者は勿論、退職後も非常な栄誉とされている。シャーゴの外にシャンツ、チンツェの両種がある。シャンツは経済を司り、チンツェは労務に服せず、寄附金で購《あがな》った名誉職である。ガルタンのツーパは地位や金銭を背景としているものではなく学徳あるものならば、賎僧でも任じうる。その人格、宗風の尊貴威厳なことはダライ、パンチェンに次ぐ。従って歌曲に「怠るなかれ、ツーパの高位には何人も上り得る」と云っている。しかしツーパになるには手続極めて厳格で、先ずゲーセーの試験に通過し、更にユェパ寺に入って訓練を受け凡《あら》ゆる賎役に従事し、三年たって初めてガルタン寺に入ってラマになる。そこでは東極、西極と二人のツーパ候補者があり、ツーパたる長老が職を退くと先ず東をこれに補し、次いで西に及ぶのである。ゲーセーの試験に通るには十年二十年かかり、しかもその前後の経歴十数年あり、全部の年数は三四十年に達する。従ってツーパになるものは六七十歳のものが普通で、在職中に或は退職後間もなく死亡するものが多い。ゲーセーの試験は、全寺数千の僧衆環視の内に広場に於て行われ、先ず各カムツァンで数人を選んで学理を弁論させる。証義者が勝負を審判する。勝ったものは再競権を得、ターサンに於ける一勝者と弁論し、再勝したら同勝者と争う。こうして一人一人屈伏して行き、最後に優勝したものがゲーセーの資格を得る。ゲーセーの資格を得ると郷里ではその栄誉を讃える。ちょうど内地で昔なら状元《じょうげん》「科挙で第一等の成績を修めたもの」、今日なら博士号を得たのに相当するのである。

第五十一章　豪商

各要人との会見後、外間には中蔵の和好実現したとの噂さが伝わり、道を行くと行人が万歳を浴せる。たとえ目的は達せずとも、民間にかくまで好印象を与えたのなら、私の労は報いられたと嬉しく思った。

暇にまかせて西蔵内の経済並びに社会情勢に就て訊ねた。それによって得たところによると、西蔵の貨幣は金幣、銀幣、紙幣、銅幣の四種に分れ、幣の背面には国の徽章《きしょう》たる獅子の像が刻まれ、表には政府の発行番号が記してある。銀幣は雑質銀で、その一枚は内地の純銀八、九分にしかあたらない。ゆえに時には十五対一の割合なることもある。ここで云う蔵銭とは西康地方で用いられている三銭二分の蔵銭とは違うが、それも全西蔵に通用している。紙幣は一銭から百銭まであり、信用は普及している。

商業に就て云えば、第一流の豪商は西蔵人ではなく康北人が大部分で、全体の四分の三を占めている。アチュ・ツォン、チョーサ・ツォン、ジャペン・ツォン、ポンダ・ツォンの如きがそれである。西蔵語のツォンというのは内地の号《ハオ》というのに当る。即ちアチュ号、チョーサ号である。このうちポンダ・ツォンが最も有名で、商人にして政治的背景を有している。私達が西康を通過した際その旧居を訪れたことは前に述べたが、今その本店を見てますますその偉大さに驚いた。もと彼はダライに恩を与えそれによって羊毛、黄金等の売買権を独占したのである。西蔵軍の前総司令ジャルン（現ガルロン）が曾て羊毛を印度に密輸していたが、軍人としての権力を握っているので禁止することが出来なかった。しかるにポンダ・ツォンの老主人プイガンは遂にこれを差押えダライに直訴した。ダライは四大臣の審議にかけ、その結果ポンダの勝訴に帰した。このことは西蔵内に於ける新紀元を画するものとして当時大評判になった。次いで西蔵政府と三大寺が衝突して双方相譲らず備を厳にし一触即発の事態に立至った時、政府側では人を派して和解を計ろうとした。誰も進んでその任に当ろうとするもののない中に、独りプイガンが単身赴いて折衝し遂に和解が成立した。元来三大寺のラマはポンダの布施を少からず受けているのであるから、大檀徒の資格で干戈《かんか》を食い止めたわけである。こうして西蔵内でポンダ・ツォンを知らぬものなく、その信用は確立し、一銭の現金なくして取引しうるようになった。西蔵の大商店は毎年多額の金銭を政府に納め、その代り政府としては運輸にはウーラを給し、集金には地方官を代行せしめるなど商店側の便宜を計っている。歳暮には三大寺のラマに油、茶、黄油飯等を献ずる外、贄見礼として一人宛一銭乃至数銭を贈り、その総額は十数万に上る。こうした政府並びにラマとの深い関係を背景に、ポンダ・ツォンの近来の勢力は絶大なものがあった。後その勢の余りにも大なるため人の嫉妬を買い、最も親しい仲にあったチャンロン・ツォンの主人と郊外に遊山に行った時、刺客に遭って殺された。チャンロン・ツォンの主人と彼との仲は内地人の想像以上で、娘はおろか妻までも交換したり、殆んど一家のような親しさであったが、プイガンの死によって政府の嫌疑を蒙り財産を没収せられ、以来両家の仲は疎隔《そかく》している。

第五十二章　歌謡

ラサにもいわゆる妓女はいる。私は初め、西蔵では社会経済がなお破綻を示していないし、両性関係も比較的自由であるから、娼妓などはないものと思っていた。然しそれは大間違いで、西蔵に於ける娼妓の流行は内地に比して決して劣らない。身持の悪い女が男と交っているうちに評判を悪くし窮迫の揚句売淫に堕ちるのである。もっともそれは半公開的で正式の売淫ではない。娼妓の名が奇妙で、金糸緞、銀糸緞或いは北京緞、上海緞などあるが馴染客が附けたのであろうか、自分で附けたものであろうか。娼妓が多くしかも西蔵人は日常その方面の行為に対しては余り注意を払わないため、病気に罹るものが非常に多い。しかし彼等はそれを別に恥ともせず恐れもしない。病気になったことを平気で口にしている。しかも医薬が案外よく効くところを見ると、西蔵の医術もあながち幼稚とは云えないようである。もっともそれは多分に宗教性を帯びていて、薬を調合する時には必ず呪《まじな》いをしたり神龕《しんがん》に供えたりする。市中に薬屋がなく配剤も処方も医者が引受ける。散薬も丸薬もあり、脈を診、検尿をすると、銀の匙で薬を袋からすくってはかり小さな紙片に包んで病人に与え、その上茶絶ち、煙草絶ち、粥絶ちなどをさせる。中でも粥絶ちが最も大事で、この点内地と反対である。

ラサの歌謡は全康蔵人が模倣する。もっともそれは文人学士の作ったものでなく、市井の婢僕たちが朝水を汲む時井戸端に集って自然出来たもので、単なる娯楽でなく、それによって時政を許し輿論を代表する。従って権勢高貴の人々はそれを畏れ憚っている。曾て民国六七年頃、ダライがガルロンの更迭を行った。免ぜられた方は民望があったが新任されたものは何の取得もないものであった。すると日ならずして歌が現われ、やめたガルロンを真金仏像、新しいガルロンを偽物無用と云った。かくの如く西蔵に於ける民間歌謡は歴史的資料に富み、研究に値するものである。

第五十三章　馬術試験

遠い親戚にあたる某が、その子を私に依頼し内地に同伴して勉学させようとした。しかるに西蔵には漢人の籍の出入その他あらゆる行動を監視しているスナレコンという役所がある、西蔵官吏四名あり、非常に幅を利かしている。某はそこへ行って請願したところ、理由も聞かぬ先から叱りつけた。私ははじめ彼がなぜそのようにびくびくしているのかと思ったが、後で聞いて見ると、彼は日頃贈り物が少く、しかも始終私と往来している、それで叱られたのだそうである。

四月十七日、ルンシャから頼まれ某秘書が寓に来て総理の遺教を翻訳し、三民主義に就いて応答をした。私が口述するのを彼が速記した。次の日はピンユワンと共に五権憲法を訳した。

ちょうど雍和宮の堪布祥《カンプシャン》先生が北平に帰るというので、家へ宛てた手紙を二通委託した。実は西康からこの方はや数ヶ月になるのに手紙を送るすべもなく、年老いた両親はどんなにか案じていることであろうと思ったが、後、聞く所によると、親しい人たちは当時非常に心配し四方を捜索するよう政府に請願した。外交部でも印度から南洋方面まで遍く捜査の手を延べたが杳として得る所なく、結局消息不明のまま半年の久しきに達していた。そこへの手紙が着いたので初めて私が健在なること知り安堵の胸を撫でおろしたそうである。

二十四日は西蔵貴族学校の卒業生の競馬の日である。この会は三四年に一度挙行され、各大臣も列席する由。私もルンシャの招待を受けて参観した。先ずルンシャ第二夫人の家に赴き、そこから彼女と同行したが、空模様が悪く今にも降りそうで、彼女は緋色の羽の合羽を披り、私はコートを着、轡《くつわ》を並べてゆっくり話しながら行った。ロプロンハ宮に着くと、西方の大広場に天幕が繞《めぐ》らされ、見物する人々が周囲を取りまいている。ルンシャの天幕は四大臣の幕の側にあり、女家族の席、男子席、下僕席と三つに分れているが、ルンシャ自身は四大臣に陪席して私席につくことは出来ないのである。細麺を食べた後、場内に入る。貴族学校は文学、数学のほか馬術、射撃をも重視していて、学生の卒業の際は学業とこの競技とによって成績を決定するのである。であるから貴族の家庭でもこの試験のために二三ヶ月も前から教師を雇って騎射を練習させ、僧侶に勝利を祈ってもらう。競馬場は内地の運動会のように白い粉で大きな円を描き、標的が数十丈離れて三ヶ所に設けられる。競技者は父の官等によって順番を定め、一がセコンの子、二がルンシャの子、三がスカンの子、という具合で全部で三十五名。第一の標的を通過する際銃を発射し、第二、第三の標的で矢を射、これを三回繰返す。銃と矢は予め手に持つことは許されず、競技開始と同時に背から取り出すのである。だから標的を通りすぎて発射しなければ失格する。審判者の信号が発せられるや、ルンシャの二人の夫人はいずれも目を閉じ合掌して的中を祈った。終ったところにルンシャが来た。不機嫌な顔で、自分の子は姿勢も手法も他のものに比べると劣っている、恐らく落第したであろうという。一同心配する。果して名を呼びあげ賞品を授与する時、セコンの子が一等で、ルンシャの子は五等で公子中の殿《しんが》りであった。

散会した時、各家の家族達が私の所へ寄って来て、いろいろと起居を問う。その中で独り前ガルロンのシァジァ夫人が中国の女権の現況を訊ね、内地では女子は髪を短く切って決意を示し、服も行動に便利ないるように短いのを着、一朝事あれば、大勢集合して政府へ陳情する、政府でもその勢いに恐れをなしているそうであるが、と云う。私はそれを聞いて恥かしくなり、内地の婦人は今日かなり覚醒したようではあるが、しかし全部は旧套を脱してはいるわけではない、ただ屈伏に甘んじないその態度は西蔵の女子も学んでよいであろうと思うと答えた。

第五十四章　兵器廠

第一次のダライとの会見後はや四五十日経ったのにまだ西蔵側の回答が得られない。シャスを遣わして探らせて見たが確たる消息もない。ただ人の噂によると、私を抑留せんとする意図であるとのこと。もはやこうなっては甕《かめ》の中に入れられたも同然である。シャスは私の心中の不安に同情し、時々私を自宅に招いて慰めてくれた。彼は誠実な人で、夫人もまた夫の模範に倣い勝れた女である。彼はルンシャに会うたびに貴女のために計らっているのだがと云う。私は最後に警告を発し、九日、十五日、二十二日と日を約し、二度と留めれば、命を捨てても印度へ出るつもりである、後日、中国は必ず西蔵に対し報復をするであろうと云った。彼等は私の堅き決意を知って、どうかもう一度諸処を遊覧されよ、二十五日前には必ずダライに会えるであろうから、とすすめる。そこで忍耐して、十六日には招待に応じてトツェプの兵器廠を視察した。ここは武器のみならず貨幣の鋳造も行っている。ルンシャ夫人とともに十名の下僕に先導されて行った。林町で小憩し茶を飲んで更に前進し約十五六里で到着した。同廠は林の中にあり、山を負い川に臨み風景清幽である。東の大門から入り一つの棟に入る。室内はむさくるしくて長くいられない。しばらく休憩し、工場を参観する。そこは西側にあり、前後両棟に分れている。前方には鉄分截機《てつぶんせつき》、印銭機、錐孔機、上火機、伐木機など七台の機械があり、後方では銃器を専門に製作している。一日九挺の製造能力があるという。製品も立派で完成したものが三千挺ある。もっとも私はこの方面に関しては全くの素人であるから、その優劣は分らない。他に弾薬も製造している。技師は英国の某電気学校を卒業したという西蔵人が一名いる。外に四川人が数名いるとのことであるが、何に従事しているか不明である。

翌晩ルンシャがまた私を食事に招待した。料理は中国料理ではないが、味は中国風である。なんでもラサにはもと中国式の料理屋があり後に閉店したが、一般官吏は今でも好んで中国料理を食する。当時城内には中国の料理人が数人いて、官吏連が競って彼等を招んでは豪奢振りを発揮したそうである。

十九日意を決してチェンセ宮の官処に赴き、二十五日までに回答がなければ、ウーラはいらぬ、単身出発するから、この旨ダライに伝えて欲しいと述べ、且つ私の西蔵人としての立場から、西蔵政府の自分に対する待遇如何に拘わらず、自分は内地へ帰った後決して悪く云うようなことはしない、ただ西蔵同胞の一日も早く覚醒せんことを望む、と云った。ところがなんと、ダライはすでに回答に批准し、かつ明日謁を賜り、一両日中には帰国せしめようとしているとのこと。チェンセが嘘を云っているはずはない。早速このことをルンシャに伝えた。すると彼は非常に心配そうであったが、私は気にしなかった。

第五十五章　女性

西蔵に於ける女性の地位は一風変っている。非常に高いとも云えない。社会一般がなお彼女等を下に置き参政権もないのである。しかしそれかと云って極めて低いとも云えない。経済的に独立し、行動も自由で、未成年の女子など十七、八歳になっても幼児と認められているに拘らず、一般男子と交際している。夏の熱い時など、着物を脱いで水の中に一緒に入っても人は別に咎めない。学校でも男の子と共学で級を分けていない。少し大きくなると、商業を習い応待の作法を学び、嫁に行く時はそれが資格になる。嫁を選択する時はこの点を重視し、商業的技能に欠けていると不調になる場合が多い。嫁を娶る時には結納金を出さなければならぬが、それは普通漢銭で一千元であるから中産の家では負担に苦しむ。

女の飾物に、重要なものと、それに次ぐものと、常用のものと三種ある。重要なものは貴賓、大官に接したり宴会の場合に用いる。頭にはパーチュを戴く。これは成年の冠るものでもあり、婚約の表示でもある。鋭角三角形をなし上端が尖っていて、角に大きな珊瑚を附け、縁には真珠と松石がちりばめてある。高価なものになると三万元もする。喪の場合は取り去って別の帽子を用いるが、平常はこれを冠っていないと不吉と見做され、無帽で街を歩いていると罰せられる。耳環は大きく楕円形の大宝石に金の勾を附け耳にかける。また蔵名でネンコと云い二本の糸で鬘《かつら》の周りを結ぶのがある。西康人はパーチュを冠らず、太い辮《べん》に編んだり、いくつかの細い辮にして頭の上にぐるぐる巻き、髪の間に瓔《たま》をつけ耳の脇に垂らす。前蔵人は大体満洲式を倣い、頭の上に大の枠を据えその上に仮髪《かつら》をかぶせ左右に分けて垂らす。大きなものだし枠が頭を押しつけて苦しい。今では改良され、夜寝る時は取外し朝になると又載せるという便利なものが出来ている。顔には脂粉を塗る。昔の女はトゥイチャという粘ばっこいゴムを用い顔に塗り、夜寝る時は特別に厚くしたものである。この塗料は顔に塗った後で紫色に変る。漢人から見ると非常にみにくい。紫色の上に紅をつけるものがある。遠くから見ると麻斑《あばた》のようである。朝顔を洗う時は手巾を盆に入れず一寸水で巾を洗うだけで、漢人の洗い方は不潔だと云う。また巾を全然使わず手で水をすくって洗うこともある。衣服は大領《ターリン》〔支那服のように首で詰める丸襟でなく日本式の襟〕で腋の下の縫い方の違いを除いては大体日本の着物に似ている。袖は狭く、下着には西洋式のシャツを用いる。暑い時は繻子裏《しゆすうら》の上衣を着、上に長い背心《ペイシン》〔袖なし〕を着、絹の帯でしっかり締め腰を細く見せる。ボタンは全部でたった一つしかない。平民は殆んど襪《くつした》をはかない。貴族になると、布の襪、羊毛の襪をはき時には洋式の靴下をはくが、不経済だというので余りはく者はない。鞋底《くつぞこ》が厚く甲は黒地に赤の縁取りをし、爪先の方に花模様の刺繍を施してある。はく時は脛まで蓋《おお》い長靴に似ている。ほかに胸の飾りが一種ある。多くは四角な金地に宝石を象篏したもので、珠の鎖で胸前に下げる。コウと云っている。漢語では何の意味になるのか知らないが、多分頸飾の類であろう。面白いことは、頸飾を新調する度に親族一同、祝典の時のように贈りものをしてお祝をする。

前に述べた女子の自由と云うのも平民に多く見られるところであるが、貴族になると色々と束縛が多く、人との応接など失礼があってはならず、坐り方起ち方にも一定の法式がある。宴席では長上又は夫の命令がなければ進んで唱ったり舞ったりすることは出来ない。招宴の際、席に女の客がいなければ主人は女家族を席に出さない。もっとも大官の夫人になるとなかなか勢力があって客にも応待し、財産の管理をし、人の職位にまで口を出す。そこで立廻りの上手なものは夫人に取入る。その点内地の夫人の権力あるものに比べ遜色がない。平民の婦女は貴族の前では、歌えと云われれば歌い舞えと云えば舞い、命ずるものも命ぜられたるものも当然のことに思っている。最下層の歌妓が娼妓を兼ねていることは前述した通りである。

第五十六章　ダライとの第二次会見

五月二十五日午後一時ダライに謁すべくロプロンハ宮に赴く。先ずチュイン・チンプの室で二時間休憩してのち、導かれて先と同じ場所で対談した。ダライは私に、出発の日は決定したかと訊ねた。いや、まだです、仏の御指示を待っているが、客居既に三ヶ月、優遇を辱《かたじけな》うし感謝にたえない、しかし中央に復命しなければならず、長く留って職を空《むな》しうしては罰を受ける、願くば早く帰して頂きたいと云った。するとダライは、

「いや卿の好意は十分了解いたしている。予が中央に背く意思なきことは先に述べた通りである。卿を長く待たせたのは実は卿等の遠来の労を犒《ねぎら》い、休養せしめんがためで、強いて留めるつもりではない。すでに予の回答は成っている。筆紙を以て尽し得ぬ点は今ここに口頭を以て卿に告ぐるゆえ個人的に蔣主席に伝えられよ」と前おきしてからぽつりぽつりと次のように云った。

「従来中国は西蔵を無視し荒地の如く捨てて顧みなかったが、今日すでに新政府成立し卿を派して意を致す。予は蔣主席並びに執政各位の精明よく全局を顧みらるるに対し欽佩にたえない。今後とも終始変ることなく不断に継続し互助の実現に進まるるよう希望する。予の最も願うところのものは中国の真の和平統一である。先に某々先後して叛乱したと聞き、予は日々経を誦して平安を祈ったが、卿等また今次三大寺に於て念経礼仏した。必ずや中国に利益があるであろう。西康事件に関しては、中央に於て暴虐なる軍人を派して人民を苦しむることなく、清廉なる文官を派して接収せらるるならば、予は何時なりとも防軍を

撤収する用意ある旨伝えて頂きたい。これらは中国の領土で、両方に分れている要はないからである。しかし武力を以て対峙するならば、蔵軍は剽悍《ひょうかん》で予とて到底衝突を制止し得ないであろう。兄弟牆《しょう》にせめぐは愚の至りである。ネパールは元来我国の旧領であったが、何故か近来入貢せぬ。政府はよろしく究明すべきである。予はネパールに対しては今なお「廓爾喀《コールコ》王」の名称を用い、新称号は用いておらぬ。この名称は中国から受けたものであり、独立を承認しておらぬ証拠じゃ。卿がネパール商務長官に対して云える言は甚だ安当であって予は深く多とする（私はかつてネパール官吏に向って、中蔵はもと一家である、もし理由なく西蔵を侵せば中国としては断じて黙視し得ないと云ったことがある）。印度人民は近来英国に反対せるため極度の圧迫を受け、言うべからざる苦痛を受けている。中国は弱小民族を援助する立場から、切実なる援助を与うべきである」

かく云うダライの態度は異常に沈痛なものであった。

また、「パンチェンと予は師弟の誼《よし》みあり、決して何等意見はない。聞けば彼はこの頃蒙古に居るそうだが、不自由を感じていることと思い予はすこぶる軫念《しんねん》している」と云い、更に「英人が予に対し誘惑の念あることは事実である。然し予は主権の失うべからざるを知っている。性質習慣共に相容れず、よって彼来るも表面上交際しているのみで、決して未だ権利を分与してはいない。中国が内部を強固にしさえすれば、康蔵問題は必ずや解決するであろう。代表の派遣に就ては、西蔵は本来宗教を以て国を治め、人民は政治に対しては極めて冷淡で、中原の情勢に就ては殊に疏遠であるから、恐らくは何等の効果もないであろう。しかし折角の懇篤《こんとく》なる依頼であるから、努めて青年を選び会に列席せしめたいと考えている。彼等は知識はないが頭脳は敏活であるから、中央に於て教示を受け事に遇えば直接予に裁決を仰ぐであろう。いずれ詮考の上、派遣するであろうが、全権代表となると一時には選び難い（当時まだグンチェチュンニを代表とするの議は聞かなかった）。予は政府に対し多くを望まない。近き将来に西蔵に紡績機械、製革機及び各種の工人を送らるれば十分である」と云った。そこで私は「工人ばかりでなく、各種の実業家及び技師の派遣も困難ではありますまい」と答えた。

最後に各執政の履歴を質問したに対し答えたところ、彼は、彼等はみな総理の信徒であるか、と云い、次いで、中国の近代の人傑は何故広東から多く出るのか、と訊く。広東は総理の故郷で平時から総理の精神的感化を受けている、且つまた広東人は創造精神に富んでいる、従って大業をなし遂げているのである、どうか西蔵人も孫先生の教えを学ぶことを希望する、さすれば人民の思想も自ら進歩するであろう」と私は答えた。

会談終るや、陰暦三月二十九日〔陽暦五月二十七日〕が上吉の日であるから、この日帰途につくがよかろうと指示した。恭しく命を承け、別れの挨拶を述べると、哈達《ハーダ》並びに紅糸絡一連〔糸絡は糸を網目に編んだ服の飾り〕を賜い親しく肩においた。私は首を垂れて退出した。時すでに夜であった。会談四五時間の久しきに及んだわけである。

寓に帰ると、下僕が私に向ってこう云った。

「貴下はダライの形式的な尊厳ばかり見られて未だ糞穢の尊厳を御覧にならないでしょう。ダライの屎尿は必ず特製の桶に入れ、紅い毛布をかけ騾馬に曳かせて、八十里はなれた雅魯蔵布江《ヤルツアンプ》に投入れるのです。

それを食うと病気が治ると云うので人々は食おうとしますが、運搬人がどうしても渡しません。またその薪に使う木は全部二尺二寸ぐらいで、徴用の数家がこれを専門に作っているのです。要するに仏の身の周りのものすべては特殊な神秘性があって珍重しているのです」

第五十七章　帰途につく

西蔵の礼に従って各大臣に一々別れの挨拶に廻る。この地方の習慣として来た時の訪問と去る時の挨拶は同じように大切なのであるが、私はこれによって各要人の中国に対する感情が一致しているかどうかを伺うことが出来ると考えた。先ずジャルン、それから他の三大臣という順序で訪問したが、いずれも冷淡な常套的な言葉で、中には謝国樑君が南京から電報を寄せ、私に帰らぬようにと云って来ている、と云う。後に分ったことであるが、謝は蒙蔵委員会の派遣したもので私を留めた事実はないのである。彼等がしきりに引止めるのは何のためか分らない。シャスを訪うと、ちょうど陞任《しょうにん》して祝宴を張っていた。彼はもと秘書であったが団長が欠員なのでこれに補されたのである。私達の来訪を喜び、一同の面前で感謝の意を表した。初めシャスは団長であったが、英人に倣って断髪し、又ある種の運動に参画したという嫌疑でダライから罷免され衣冠は勿論長靴や襪《くつした》まで褫奪《ちだつ》されるという屈辱を蒙った。そのため病気になって一時は起つ能わざるに至った。この事件は西蔵に於ける近来の大政変の一つであったが、今は当時免ぜられたものも次第に起用された。宴終って慣例に従い生煮えの臓物を贈られたが、とても食べられない。鼻を掩うて撤去するのを待った。ルンシャ第二夫人の許に行くと、頑として私の哈達《ハーダ》を受けない。私の辞去を許さぬ意味である。しかし贈った品物は特に豊富で、ダライの二十倍もある。他は大抵パンル二匹、敷物一具、緞料一枚か、せいぜい指環か耳環などを一つ贈ったにすぎなかった。ルンシャらはみな二十九日はダライの指定された日であるが、数が奇数であるし、日に残りがあるから四月の初にされたいと云う。私は、我々は吉日を選ぶ必要はないが、ダライが定められた以上その意思に背きたくないと云った。かくて彼等が二、三日遠送する筈であったのも準備が出来ぬため出来ず、二夫人が印度まで送ろうというのも体よく断った。忽ち又ダライが召していると云う知らせを受けたので、急いで駆けつけて見ると、チェンセ総堪布《カンプ》が命を奉じて、ダライは謁見するはずのところ出来なくなったから、代りに金仏一尊と薬一包み贈る、仏が親しく咒《じゅ》せられたものゆえ、これを持って船に乗れば危険を免れるであろうと云う。私は有難く頂戴した。

夕刻宿に帰り隣家のダゴチュバの家へ行った。彼は元の大ガルロンで、今は老病のため退職しているが、元老としての声望はなお盛んである。美しい二人の娘がある。長女は西蔵美人の典型で、一度嫁に行ったが夫が白痴であるため帰って来た。その室は私の室よりも一階高く、私が窓辺で物を書いていると、欄干にもたれて望遠鏡で覗くので、初めのうちは非常に感じが悪かった。その後二三度招かれて室内に入って、彼女が蔵文にも蔵楽にも精しいことを知った。彼女は私に箏を教えてくれた。もっとも私はいくら習っても物にならぬのでやめてしまったが。今私が行くと聞いてさめざめと泣く。夜になると今度は向うからやって来て、私と一緒に逃げるという。可笑しなことを云うと思い、何故そんな考えを起すのか、私は国事のために来たのである、西蔵人が内地に対し憧れている気持には同情するが、今一女性を伴れて行ったなら人は何というであろうか、かつ内地の生活は困難で相当の知識と技能がなければ、手ぶらではとても自活は出来ない、と云うと、飾り物を取出して、これを質に入れれば数年間は暮せるでしょうという。私は笑って、あなたはまるで子供のようだ、すべて物事はそう急いではいけない、もし将来縁があったら出来るだけの努力はするから、と白粉などを与えて思い止まらせた。

出発に際しルンシャを訪う。従者が、行けば必ず引留めるであろうしその厚志に背くことも出来ないから行かぬ方がよいと勧めたが、私は旅装を整えて行けば引留めることも出来まいと云って出掛けた。会うと、彼は、予が中央に伝えてほしい希望が一つある、西蔵政府は三民主義を奉じ之を実行しようとしないのではない、しかし人民が頑固であるからあせって紛擾《ふんじょう》を起さぬようにしてほしい、外交に就ては西蔵人は中央と行動を共にしたいと思っていて、断じて単独な表示はしない、また内地の軍備は列強に劣っている由であるが、十分準備に意を加え、内は内乱を鎮め辺境を守り、外は外侮《がいぶ》を防ぎ、以て平和を維持するよう努められたい、と云い、最後に私自身に対し、今後とも西蔵のために努力せられ、中央の人士に対し西蔵に一層注意を払わるるよう鼓吹《こすい》して頂きたい、出来ればもう一度来遊されたい、我々は極力保護致そう、と云った。一々頷き、別れの杯を受け、午後一時ラサを発した。観衆は私が印度への道をとることを知り、声を揃えて海神に呑まれぬようにと祈る。手を振ってこれに応え、馬を駆って去った。

第五十八章　西蔵の致命傷

ダライは初めシャスに護送させようとし、命令を下して沿道に二ヶ所の宿泊所を準備してあったが、シャスは新官に任じ応接に忙しかったため同行出来ないので、その代りロプロンハ宮内の近侍を一人従者として派することになった。名をツテンラと云いダライの輸夫であるが、声威赫々、ダライの信任厚き近臣である。その日は五哩半行きイータン、もと業党《イエタン》と云った一小駅についた。ここには人家三十余戸ある。次の日送行のルンシャの従僕と家族は別れて帰った。更に一哩でチウシ、もとの名僵里《チャンリ》に着く。地志によると附近に蠍子洞《シエツドン》があり、昔犯罪者をここへ投込んで蠍《さそり》の餌食にしたという。また五哩でヤルツァンプ河と後蔵水の合する地点につく。地志には曲水《チユシユイ》と云っている。木船で河を渡る。水勢急で恐ろしい。船賃は一人二分、官の使は免除される。カムパラ山にかかり二哩登ると山頂に達する。途中印度人に遇った。洋服を着てててく歩いている。冗談に印度語でどこから来たかと訊いて見た。私は子供の頃一寸ばかりヒンズー語を習ったことがあるので、ふと使って見たくなったのである。すると私の言葉にぎくっとし、不思議そうな顔をして、印度語でぺらぺらと喋り出したが何だかさっぱり分らない。すると彼は薄笑いを浮べ不信用の態度に変った。山を下ると土着の数十家がある。傍にヤムドー・ツォ〔ツォは湖〕という大きな湖水がある。地名はツァマルン。水に臨むせいか河風が甚しく他所よりも寒い。時すでに初夏にも拘らず、ひらひらと白いものが飛び正に冬景色である。更に二日にして浪噶子《ランガツ》を通り、ラルンに進み、江孜《ギヤンツエ》に達する。江孜《ギヤンツエ》は英人の西蔵侵略の拠点で、郵便局あり、兵営あり、電信局あり、医院もある。郵便局は英人の経営で、西蔵政府の許可はおろか監督さえ受けていない。事務員は西蔵人が多いが、権力は英人の手に握られ、郵便切手も英国式を用いている。しかも江孜《ギャンツェ》を過ぎるといたるところ駅站《えきたん》が設けてあり、英国の官吏の入蔵した際の宿泊所を兼ねている。電信局は有線であるが、電柱も電線も豊富で相当な規模である。蔵人、漢人の電報料は殊に料金が高く、そのためあまり使用されず、専ら軍事的に使用されている。兵隊の駐屯所としては兵営が一ヶ所あり、常屯兵七十乃至百、訓練は行届いている。印度のカリンポンで調兵し、早馬で急行すれば、十二日でラサに達するということだが、西蔵兵の召集は二ヶ月かかるから、とても抵抗する暇がない。まして江孜《ギャンツェ》が腹に出来た腫物のようになっている以上、内部の騒擾《そうじょう》などはかまっていられない。銀行は為替取引をなし、すべて金貨及印度のルピーにかえて交易する。金融を握っているから、従って人の出入まで検査する。薬屋と医院は兼業で、病人は医者にかかっても毎日僅か二分である。こうした小さな恩恵を与えて人心を収攬する、その狡猾畏るべきものがある。

江孜《ギャンツェ》に着いた時、県長は英兵について観劇に行って挨拶に来ないし、宿るべき場所も準備していない。ツテンラが非常に怒って県署の顧問をさがし出して来て、鞭で打とうとしたが、哀願して許しを乞い、通知がおそかったのでまだ準備も出来ていないが、決して故意に疎かにしたのではない、と云う。私は初め外人の威を借る怪しからぬ奴と思ったが、彼がしきりにあやまるので哀れになって、今後は中国の官吏を軽視してはならぬと申し渡した。去る時、ダライに告げぬようにしきりに頼むので笑って請け合う。晩になってから、人を使って黄油《バタ》、羊肉を持って来たが、県長は顔を出さなかった。聞けばこの地方の住民は洋人のこぼれを拾い、その欺瞞的《ぎまんてき》な慈善に眩惑《げんわく》されてこれになずみ、虎の威を借りているとのことであるが、西蔵の致命傷は或いはここにあるのではあるまいか。

第五十九章　乞食

朝、ピンユワンに西蔵文の手紙を書いてもらい、郵便で予めチュモの営官に通知しておいた。また通知がおくれて宿舎の準備をしてくれないと困ると思ったからである。このピンユワンという人は、曾てはダライから顕爵を受けたこともあり、私の父とは清の官吏に従って印度へ逃れた時から交際ある仲で、今度も私は父の友人としての礼をとっていたのである。江孜《ギャンツェ》を発ち英人の兵営を通った時、そっと一枚写真を撮ろうと思い孔《コン》君にとらせた。すると忽ち太鼓の音が聞えて来る。見れば遥か谷間に白い幕が雲のように連っている。露天芝居に興じているのであった。英人の使者が来て、幕に来て見物されよ云う。旅路で忙しいからとて拒った。十時に出発、僅か十四哩行ってスヤージに泊った。次の日は二十九哩行きサマタに泊り、更に十四哩行ってドチェンに泊った。ここは河に近く風強く、しかも部屋が狭く非常に気持が悪かった。六月五日パーリに進む。このあたりは熱帯で気候俄に変化した。町へ出かけて単衣を買って着換えた。この地は昔から富庶の地と云われ、野菜類の生産多くチュモの富家からも買いに来る。城の間近に来たのにまだ県署の迎えのものが来ていない。電話で問合せようとしたところへ一人の騎馬の者が駆けよって来て、私を見るなり帽子をとって、何べんも江孜《ギャンツェ》へ電話をかけたのだが、向うでは本当の事を話してくれないので近くまで来て待っていたと云う。

パーリ附近にチュモルアリという山がある。仙人が棲むと云われ、夏登れば素晴しい眺めである。そこには身の丈数丈に達する巨人がいて音楽を奏で歌を唱い、その棲家も精巧類いなきものだという。如何にももっともらしい話だがどうやら蜃気楼の類いらしい。

道でズエカに会った。西蔵に於ける高等乞食の一種で、髯の附いた白い仮面を附けキルギス語を使って人の喜捨を乞うている。私は蔵銭を四枚与えた。西蔵の乞食にはラマ乞食、普通の乞食、遍路乞食の三種がある。ラマは全部が乞食をしているわけではないが、苦行僧は托鉢をして食を得ても恥にはならないし、人々も僧に物を施すのを光栄としているから貰いはぐれはない。普通の乞食には、日常食物を貰い歩いて暮しているものと祭日に隊を組んで集め歩くのと二種ある。前のは人の施しのまま受けるが、後のは相当の金額を要求し、少なすぎると文句をつける。遍路乞食は平民が多く、遠路はるばる仏に詣りに来るが、旅費が足りないから人の袖にすがって旅費を作るのである。だから乞食の数から云えば、西蔵中到るところにいる。癈疾者《はいしつしゃ》の乞食はラサにいるリンジャオとランカだけである。ランカは街道という意味で、リンジャオは繞経或は転経の意である。西蔵人は繞経もしくは転経と云って、仏の加護を求めるため毎朝ラサの周囲を一廻り乃至数廻りするものがあるが、彼等は乞食に遇《あ》うと喜んで施しをする。

更に進むとシャーシマ地方、到るところ洋館が建ちさながら西洋である。西洋人の子供が林の中を駆け廻って愉しげに遊んでいる。聞けば、江孜《ギャンツェ》とここは英人がラサに進攻した時占領したところで、地代も払わず割取したのだそうである。遥か彼方にチュモ・ゲーセーの家が見える。西洋風の家には金の屋根があって同行者は洋廟と云っている。シッキムの或る女施主が寄附したもので、彼女は人里離れた後の山の中に猿を相手に棲み秘かに治病の丸薬を煉っている。学徳共に勝れダライからも格別の信頼を受けているそうである。

途中英人に雇われた人夫が道路を修繕している。服装は西蔵風だが実はシッキム人である。顔色はさほど黒くなく気品もある。

チュモに入る。時刻がおそかったので営官を訪ねることはやめた。翌日訪れて、彼の口から、この地の主権は西蔵とシッキムとに分属し、シッキムは官署を設けて役人が常駐しているのでもないのに、凡ゆる施政に亙り事毎に西蔵側の命令を妨害するという事実を知った。

第六十章　毒見

シッキムはもと西蔵に属していたが、今では英国の保護国になっている。従ってチュモを過ぎると我々の旅は急に不便になって来た。私は元来が平民であるから割合平気であるが、西蔵の貴族であったら、うたた黍離の感に堪えないことであろう。シッキムの民間の服装は非常に雑然たるもので、腰を広い布で印度式につつみ、頭部はほぼ西蔵式であるが、弁を二つに分けている点が異っている。女はよく働き農業のほか布や毛氈《もうせん》を織ったり帯を作ったり殆んど休む暇がない。

ダライの轎夫はチュモ、レンチンカンまで送ってくれたが、国境を越えたので礼に依って帰らした。途中無事で厚遇を受けたことを述べたダライへの一書を託し、ルンシャにも同様の言伝をした。ツテンラは別れに際しいたく名残を惜しみ、その心情には私も感激した。道中石塊多く、馬で行くのに随分困難した。ヒマラヤに差蒐って山また山で一日中山の中ばかり、然し前の旅行とは違い山を一つ越えると平地に出る。その晩は山腹に泊った。地名はルンロー、道程は十三哩。次のは朝大雨。熱帯に近く、西蔵のように一年中雨のないところとは違うのである。従者のために傘を二本買った。雨がやむとぽかぽかと温かく薫風顔を撫で、人も馬も疲れ酒に酔ったように朦朧としている。晩ツェルーに着き、西蔵人の小さな宿に泊った。狭くて汚く僅か一室の家の真中に大きな竃があり、騾夫が二、三十人も乾した塩漬の鴨のように列んでいる。私はみんなと違い軍床を一台あてがわれた。主人は女であるがなかなか客扱いになれている。印度では食物に毒を盛って客に出し殺してその福寿を奪うと聞いていた。あてにはならぬと思ったが孔君《コン》が恐れて箸をとらないので、私も一皿毎に主人に毒見をさせてから食べた。

チュンビ地方をすぎると、満山森林で非常に景色がよい。人々は樹を伐り田を耕している。かつては荒地であったところも立派な沃土に化し、私が幼時見たのとは著しく変っている。村々の生産力も進んでいるとのことで、自国に比べて恥しい思いがした。

六月十三日ツォンタバ地方についた。ちょうど金曜日のこととて市が立ち、男女とも群れ集っている。派手な衣裳をこらして白衣を用いず、頭には籠を載せている。鼻に孔をあけ、小さな金の環をはめている。私は孔《コン》君に向って冗談に「綱で引っぱるといい」と云った。彼等は印度人を恐れているらしい。私たちの馬が稲を喰ったのを見つけて「この野蛮人奴!」といつまでも口ぎたなく罵ったので、私が余りうまくもない印度語を使って応酬したところ、びっくりして逃げて行った。額に白い粉を塗り眉に米粒を附けた人を見たが、それは印度の平民中最も地位の高い印度教徒である。印度では印度教の外に回教、拝火教、拝鬼教等と数多の宗教があるが、各教徒間には服装や挙動に明らかな差異があり、一目で見別けがつくのである。パーリ一帯の結婚風俗は珍しく、新郎は馬に乗って嫁の家へ行き、傷兵を救護する時のように白い布で新婦をくるんで昇いで帰る。山に登るとツォンタバの全景が見渡される。山を越えると印度との旧境界である。ツォンタバの附近のペイトンというところで印度人巡査から護照を求められた。カルカッタへ着いて中国領事館で受取ることになっている、今は西蔵の境界を出たばかりで必要ない筈だと答えると、官庁の命令だと云う。官庁とは誰のだと訊ねるとレンデインの役所である。そこで私はレンデインなら旧知の間柄だと云った。するとしぶしぶ通してくれた。

カリンポンに着く。街から七哩余のところに自動車路がある。車に乗ればまっすぐにチシタの停車場に着くのであるが、先ずパンチェンの駐印弁事処長スーカムに会おうと思ったからやはりカリンポンに行った。スーカムの家では是非泊るようにと勧めたが、狭くるしいので別に旅館を探してもらい、結局彼の知人の家へ送られた。そこには私のために二部屋準備され、さっぱりして気持がよかった。しばらくそこに留って会談したが、彼はしきりに話を西蔵の方へもって行き、ダライとの会見の顛末を聞きたがる。私はいい加減に答えて事実を明かさなかった。ここに二日いる間に、新聞記者や軍、政界の人々が次々に訪ねて来たけれども、消息が洩れて英人に知れることを虞れ、宿の主人に病気と云わせ、引籠って誰にも会わなかった。当地の華僑馬氏の招待で一度宴会に出席した。彼は当地の勢力者と親しい。時々私の経過に探りを入れるようなことを云ったが、私が堅く口を噤んで話さないので大分気を悪くしたようである。席に英人が一人いた。彼は、二度もラサへ行きダライの歓待を受けた、西蔵に関する著書が二冊ある、上巻は出版されているが、下巻には私の今回の旅行を書き添えよう、更めて自宅へ訪ねてほしい、私の写真を撮って英皇帝に御覧に入れるからと云う。談話中にしきりに先覚と云う。私を中国女子で西蔵へ入った第一人者だと賞揚したつもりなのであろう。

第六十一章　舌戦

カリンポンには華僑多く約百余戸もあり、しかも殆んど中、印、英、蔵の四ヶ国語に通じているので応待には至極便利である。十日間滞在して二十四日そこを発った。スーカム夫人が親しく歓送の礼をとってくれた。自動車でチシタ駅まで十一哩。シッキムがまだ分割されぬ前は西蔵からダージリンまでは全部中国領であったが、今では大ブリテンに属している。鉄橋を渡ると駅に着く。汽車は小さく、午後三時発車し四時過ぎシリグリに着き、そこで大きな汽車に乗換える。夜の十一時発車、乗客が込み合っていたため、従者は眠れず、乾牛肉を取出して食べはじめたところ、傍にいた印度教徒は肉食するものと同席することを憚って席をかえたので、やっと安眠することが出来た。次の日の正午カルカッタに着き、西蔵人の旅館に入った。主人はコーヒーや牛乳を出したが、従者は飲みなれないので西蔵風の鹹《から》い茶を要求したが、出来ないと断れられて不満そうであった。手紙を盧春芳総領事に出し、午後五時訪問した。領事館へ行くと国旗が見える。思わずはっとした。祖国の国旗と別れてはや一年になるのだ。盧氏は新青年で華僑も外人もひとしく尊敬しているとのこと。携帯の公文書を英人に盗まれてはいけないと思い、革のケースに入れ領事館で預ってもらった。別れる時言行を慎しむようにとの注意を受けた。二十六日領事館の全員が慰労の宴を張ってくれた。席には欧人が数人いたが、盧氏がわざと私に向って公文書を持っているかと問い、私がいやと答えたので、それを聞いてみなは余り注意を払わなくなった。客はいろいろと中蔵英の問題に就いて語ったが、私はうっかり消息を洩してはと虞れ、堅く口を緘していた。

街に買物に出た。印度の女が街路で伝単を撒布しながら口号を称えている。英帝国反対の運動である。女達が並んで、洋服を着た者や巻煙草を吸っているものが通ると、大勢で寄って行って丁寧に頭を下げ、どうぞ服を換え煙草をやめて下さいと懇願する。相手もその熱誠に動かされ、その場で着物を破り、中には自分の頬を打って自ら懲しめているものもあった。私はそれを見て非常に感動した。

三日の後、領事館に赴き、公文書を受取り盧領事から封臘で密封してもらった。レンデインがダージリンから追って来て、是非同行したいと云う。私は断然拒絶した。

彼は、中蔵の交渉は英国を無視しては出来ない、英国は地理的にも条約上からも、中蔵間を斡旋する義務があるといい、最後に、中国は武力を以て西蔵を制圧することは出来ないという。私は、中国は元来西蔵に対して宗主権を有している。英国は第三者である。余計な口出しはしてもらいたくないと云った。

盧氏と別れる時この事を話し、レンデインの行動を注意するようにと云い、かつ西蔵の情勢に通じた雇員をおいて絶えず情報を政府に報告せられたがよいとすすめたところ、彼も大に賛成した。

午後二時、埠頭に行くと案の定役人が荷物を調べ何から何までひっくり返して見る。公文書の入ったケースを見、手紙を携帯しては郵政の収入に損害であると云って開こうとした。私はその不遜な態度にむかッとしたので、長官を呼んで、貴下が全権を負って下されば、荷物、書翰一切貴下にお預けしよう、さもなければ一物たりとも手を触れないで頂きたい、自分は国家の使者として来たものである、かかる不当な措置をとるのが大英帝国の文明であるかと詰《なじ》った。すると彼は部下（全部が英人のみというわけではない）を叱り、私の通過を許した。

第六十二章　帰航

出帆前印度の各新聞は私に対する賞讃の記事を掲げたが、埠頭にも各社の記者が来ていていろいろと問い訊す。事実を語り得ない苦衷《くちゅう》を述べて拒絶し、特に中国に関するニュースや評論はどうか好意的な報道をなし、謡言に惑わさるることなきよう希望した。

船室は二等であるが、長江通いの汽船の一等室ぐらい。一部屋に四つの床があるが、幸い一人で占領することが出来た。船の名は今生。英国の小商船会社の汽船であるから設備も上等ではない。海風が腥《なまぐさ》くて堪らなかったが、次の日はまた大風浪にあい、ひどく動揺した。床に横になっていたが、時々把帯につかまるのを忘れ、今にも海におちそうになった。疲労のため気分も悪く、三日間は食物も口に入らず、果物ばかりで飢を凌いでいたが、この苦痛は曾ての騎馬で雪の山を越えた時と比べて変る所がない。しかも船中は階級の別が厳重で、従者の船室は一級下で自由に面談出来ないので、周囲には中国人は一人もおらず寂しくてならなかった。シンガポールまで来ると中国の婦人が一人乗込み床を並べることになったが、その言葉を聞くと広東人で、標準語は殆んど解らず、話が通じない。筆談したが少しむつかしい字になると解らない。所々に英語を挿んだりして半日かかってやっと一句通ずるという有様であった。

香港に着いて船を換え、七月二十五日上海に帰着した。迎えに来てくれたものは僅か一二の親友のみであったが、互に顔を見るや手をとり合って無事再会を喜び泣いた。二十七日首都に入るや、先ず古文官長《クー》に会い、ダライの回答並びに礼物を手交し、経過を詳細に報告した。氏は嘉賞の言葉を与えられ、国務会議の節出席して報告すると約された。一日おいて国民政府に行くと、譚延闓、胡漢民、戴天仇、孫科、王正廷、鈕永建の諸氏が列席していられた。先ず最初に四川より西康を通過してラサに入った経過、次にダライ及び各要人との会見の顚末、最後に西蔵民を綏撫すべき私見を述べたのであるが、諸氏の中で譚、戴の両氏は特に詳しく西蔵事情について質問され、一時間半も倦まず熱心に聴取され、別に呈出した報告書は重要書類として収納された。

その後政府から褒状を贈られ誠に慚愧《ざんき》の至りであった。また鈕永建内政、王正廷外交両部長の肝煎りで国際連歓社に於て私のために歓迎慰労の宴を張られた。時に会するもの二百を超え、私は古《クー》先生の紹介によって起ち、事実を略述し、併《あわ》せて婦人界の奮起を要望した。当日中外の新聞紙に女傑劉《リウ》某云々の記事が載ったのを見て、私は穴があれば這入りたいような気がした。今はただ全幅の熱情を以て嘱望に副《そ》いたいと思うと同時に全国民全女性に対し国家に尽されん事を切望してやまない次第である。

続記

第一章　続記

私は民国二十一年夏、政府の命によって第二次康蔵調査に赴いたが、この度は四川の旧路を避け、海路安南を経、西部雲南に入り、もって耳目を新にしたいと思った。途中転々として七月の初ようやく雲南西康の境に近き麗江《リージアン》に到着した。折しも康蔵の戦事日に拡大し交通杜絶していたため、先ず使を巴安及びラサに派し、回答を待って行くべきか否かを決することにした。そして事の序に雲南の辺境各地を遊歴し、風俗等を調査し兼ねて中央の徳意を宣布するに努めた。木裏《ムーリ》、永寧《ユンニン》、中甸《チュンデン》、阿敦《アードン》の各地を数ヶ月間に遍歴した。もっとも車に乗って疲労はげしく、しかも一ヶ所に着く毎に土司との交際に追われ、夕刻になって紙に向い一日の見聞を記録しようとする時には、はや心身共に疲れ果てて力なく、思わずぐったり臥してしまうのであった。日のたつにつれ、脳中の印象も次第に薄らぎ、当時の模様を詳述しようとしてももう出来ない。いまになって漸くダライから派遣された代表二名がはるばるラサから会見に来たが、この数ヶ月間康蔵の現況に就ては直接間接かなり得るところあったので、ラサへ帰った節はダライへ私の意を伝えてくれるように彼等に依頼して、遂に旅装をととのえて帰京したのであった。ここに調査し得たところを政府への報告以外、黄子翼君に訂定せしめ、数千言をもって康蔵輶征続記となし前書の末尾に附し、併せて読者の参考に供することとした。

第二章　麗江

麗江《リージアン》は雲南省の西端にあり、商業ならびに交通の要衝である。清朝時代は府であったが、今は県になっている。種族は漢族でも西蔵族でもなく、また百越でもなく全然別の一種族で、漢人はこれを「花馬国」と云い、蔵語ではジャと云っている。伝えるところによれば、木天王の後裔で、極盛時代は雲南の西部及び西康の南部一帯を征服していたという。西蔵の小説に木天王の極盛時代が記述されているが、それによると西康のロンパ族王〔今日の西康の徳格《ドーゲ》〕と瀾滄江畔の塩田〔今日の西康塩井〕を争奪すること数年の長きに亘り、ロンパは遂に大敗し、木天王が康南の全部を占領し殆ど徳格《ドーゲ》の辺境にまで及んだ。今日なお残周、廃塁が諸所に遺っている。その言語は我々には全然分らない。象形文字の一種で東巴《トンパ》文というのがあるが、今日では物を書くには用いず、木剣に記して門口に懸けて厄除けの咒《まじな》いにするにすぎない。アメリカ人のロエルビー〔訳音〕という人がここに長らく滞在してこの文字を研究し、文字中の最古のものと云っている。

麗江《リージアン》の街は縦横四、五里、家屋櫛比《しっぴ》し人口稠密である。市の中心たる四方街というのが最も繁華な通りで、街に沿うて砂糖、塩、洋品、反物などを売っている。彼等の顧客は土着の住民を除いては康蔵人が最も多い。近来康蔵、雲南を結ぶ商業中心地は、戦争の影響で、阿敦《アードン》からここに移った。市には城壁がない。土地の人に云わせると、天王の姓が木で、これを囲むと「困」になるから城は作れないのだそうである。

市の四周は山水美わしく、市から二里ばかり離れたところに龍王潭の勝地がある。満満と湛えた数十畝の湖水で、水清く底が透いて見え、一尺に余る魚が真紅の紺青の或は黄色の斑《ふ》のある美しい鱗《うろこ》をひるがえして悠々と游ぎ、餌をやると先を争って喰いつき、手を叩くとたちまち驚き散じ水藻の中にかくれる。まさに魚族の楽園である。潭の西岸に数棟の高閣あり、当地政界学界の名士の集うところ。また亭が一つ潭の中にあり、閣から長い橋が曲折して架っている。亭に上って見渡せば、この潭が無数の泉源の合して出来たものなることが知られ、水底から時々銀色の珠のような泡がぶつぶつと珠数玉《じゅず》のように浮び上るのが見える。潭の東西南の三面はみな山で、北側の水の出るところだけが乱石に阻まれ、潺湲《せんかん》たる水の流れは人をしてはるか悠久の世界にある思いをさせる。

この地は男女の交際が極めて解放的で、若い男女は恋愛を神聖なものと讃美し、自由がなければいっそ死んだ方がいいという風が見える。夕陽の西に落ちた頃、三々五々龍王潭の畔に袂を連ね、煙か霧にもまがう黒髪は水の光山の影と相映じ、歌につれて踊り、如何にも楽しそうである。かかる風習はこの民族固有のもので、特に近代的潮流の影響を受けているのではない。しかし一面また妙な風習があって、父母は厳として旧礼教を守り、結婚は子女の自由を許さない。恋する男女は父母の許しがなく、また互の愛情を棄て得ない場合には、往々にして盛装し酒を携えて深山茂林に入り一日の歓を尽し、歓尽きると双方毒を呷り相擁してこの世を離れる。それで麗江《リージアン》の後の山の林の中には、時時恋愛の犠牲となった若者の死体が発見される。すると父母はそれを家の恥として、人に知られないように匆々《こっこつ》に死体をかたづける。しかしその父母とて青春時代は情死の讃美者だったのである。青年時代には自分らも大にやったくせに、父母になると反対にそれを嫌うとは不可解なことである。

麗江《リージアン》の婦人の服装は一種特別の趣きがあり、長い髪、垂れた髫《うない》、両の鬢《びん》は額を掩い、西瓜型の小さな帽子をかぶっている。着物の外に背中に一枚の羊皮の胴着を着ている。それは背に白粉刷毛ぐらいの大きさの円い刺繍模様が七つあり、白い帯で胸前に十文字にしめている。肩に日月を荷い、背に七星を負うとはこれを云うのである。

彼等は多く商業を営み、交際に長け、異郷の客が来ると我先に物を贈り餅餡を作って歓待する。この餅餡がまた非常にうまく、初めて来たものは必ずその風味に接しようとする。毎年七八月の交は騾馬市が開かれる。その時は康蔵の商人が雲集し、吉日を選んで遠方から来た名馬を広野に馳らせる。本県の官紳は土手に坐って品評する。幔幕《まんまく》を四方に張りめぐらし、老も若きも集いより、男は巾を失い女は耳環を落すという熱狂裡に駿馬は風を追うて走り、万人喝采し、紅い夕陽の落ちるまでも興はつきないのである。

麗江《リージアン》の婚姻制度はもとは大抵父母が主となり、子女の自由に任せられなかったことは上述の通りであるが、父母の定めた結婚でも、男の家の結納金が少い時は娘をやらない。であるから貧しい家では婚約はしても娶る力がないために、結局嫁が貰えないことになる。嘗て知事の某がこの陋習《ろうしゅう》を打破せんものと略奪結婚を提唱した。すなはち男の家で嫁をもらえないときは、相手の女が外出した時大勢寄って待ち伏せて攫って帰り、門を入ると水を浴せて婚礼のしるしにする。そうすればもう女の家では他へ嫁がせる権利がなくなるのである。ところが女の家で攫《さら》われたことを知るとすぐ追いかけて往々途中で殴り合いをはじめ、流血の惨事をひきおこす。もし女の家に奪回されると、女の家では離婚を提起する権利があるのである。知事某の案出したこの法はもともと貧しい人たちのためにしたことであるが、余りにやりすぎであった。

麗江《リージアン》にはラマ寺が五つあり、教規は康蔵の紅教派の如く、各寺のラマは毎年多数を西康徳格《ドーゲ》の大寺に派遣して経典を学習せしめ、また西康の黄教派の如くラマを西蔵に入れる。西蔵に行き経典を学んだものの中、普静寺の聖露活仏の如きは重望を荷ったラマの一人である。ここのラマの大部分は漢語が出来ずまた西蔵語も話せない。そのくせ西蔵の経文となると朗々と誦し得る。平時は土地の言葉を用いている。これは些か変った現象である。

麗江《リージアン》には小学校及び高等小学校が数校、省立中学校が一校あり、経営はすこぶる完備しているそうである。中学の校舎は広く風景もよい。ここでは近年地方の教育運動に対し極力漢語を提唱し、校内では学生に土語の使用を禁じ、土語を一度使うと罰金をとっていて、その成績は内地南方の各校の国語運動に劣らない。また辺地師範講習所が一つある。それはもっぱら雲南、西康等辺境各県の西蔵族児童のための施設であって、蒙蔵委員会から中央に許可を得て、毎年経費が補助されている由である。将来辺地教育の振興に効果少からざるものがある。

麗江《リージアン》はむかし府であった頃、雲南西部の人々が会試に応じた地で、今なお雪山書院が残っている。今日、科挙は廃されてもう無いけれども、麗江《リージアン》は康蔵雲南交通の要地であり、虚蔵の教育を振興しようとすれば、どうしてもここに大規模な辺事学校を建てて辺境の人才を養成しなければならない。大体康蔵の学生が遠く内地まで行って学ぶということは容易でない。麗江《リージアン》ならば風俗、気候、距離もちょうどよい。当地の人士に大に辺事を研究させ、彼等を康蔵に入れて工作せしめることは極めて容易で、内地の人々が康蔵を偏僻長途と考えているほどではないのである。些か卑見を述べ高明の士の是正を待つ次第である。

第三章　永寧

雲南の西端、四川省と境を接したところに永寧《ユンニン》がある。西蔵名をタンランという。永北県に属しているが、それは名義だけで、実際は土司の自治部落である。

麗江《リージアン》から永寧《ユンニン》に進む間に六つの宿場があり、途中は長い林が空を掩い、雪山が雲表に聳えている。金沙江を渡って一日行くと高い峰がある。麓から頂上まで馬で二日かかる。過ぎ来し路を振返ると雲霧蒼茫として涯しない。この山を越えると平原に出る。地広く気候温暖で村家が星のように点在している。居民は類を以て集っている。皮匠村というのがあるが、そこでは全戸製革に従事し細工が極めて巧みである。雲南の辺境及び西康で履く革の靴はみなここで作られる。皮が柔かで長持ちするところから爪先に釘をうつて登山用にしている。またチェポーチェンという村があるが、そこは土司及びその僚族の居る所で、内地で云えば政府要人の住宅区域に相当する。タンラン・ケンチンという村は永寧《ユンニン》大ラマ寺のあるところ、附近に大きな湖があり、縦横四五十里、中に一山あり高い楼閣が建っている。それはあたかも蓬来宮の如く、土司が常駐して怡情陶性を恣にしている。他所から客が来ると迎え入れて歓待する。夕陽西に傾く時、舟を泛《うか》べれば、風影波光さながら江南の西湖に異る所がない。土司の姓は阿、名は占山、年すでに六十、聡明にして義に篤く人望あり、異地の人を迎えることを喜びとしている。四川、雲南の商人、康蔵の僧侶及び外国の遊歴者はその階級の如何を問わず歓び迎える。平時でも数十の客絶えず、「座中客常満、樽中酒不空」の二語は阿土司に贈ってこそ適わしいものである。阿少符という甥あり、年若く奔放不羈《ほんぽうふき》、気宇非凡、かつて蔵印の各地を遍歴し学識もあり、年老いた土司に代って政事を見ている。また西蔵のフトクトでチョユエシチピという人があり、曾て広く雲南西康の各地を遍歴して最後に永寧《ユンニン》に至り、その風光の清幽なるを愛し、ついにここに錫を駐めた。土司は懇ろに歓待し、上賓として礼遇し、政教すべて彼の教えを仰いだ。彼はその情誼に感じてついに再び西蔵に帰らず、先年その老母と妹をラサから呼寄せ、妹を土司の子にあわせた。著者が永寧《ユンニン》に赴いた時は折悪しく彼は所用あって康定へ出かけていたので会えなかった。阿少符君の云うところによると、フトクトは学識も深く、人格も高く、年若く意気すこぶる壮んで、近い将来に中国へ赴きパンチェンを拝し、必要によってはパンチェン、ダライ間の意思疏通をはかり、パンチェンを西蔵につれ戻したいと洩していたそうである。そこで著者は阿少符君に託し、もしフトクトが入京されるならば中央及び内地人は必ずや熱烈な歓迎を惜しまないであろう、かつフトクトはダライとは昵懇の由であるから、彼がパンチェン、ダライ間の紛糾を調停することは誰がするよりも力強いものであろうと伝言してもらうことにした。

永寧《ユンニン》地方には一種特別の弊習がある。それはこの地の婦人が既婚者も未婚者もひとしく他国のものと私情を通じ、自堕落なことをして恬《てん》として恥じないことである。父兄も干渉しない。夫が知っても当然のこととしている。従ってここには父無し子が多い。しかし人々も別に私生子と云って蔑視しない。近頃になって土司はこの弊習が外地の人々の物笑いの種になっていることに気づき極力抑止しているが、しかし貞操の二字がまだ人々の脳裡に刻まれていないのであるから、その効果は甚だ疑問である。

永寧《ユンニン》は良馬を産する。短小で精悍、よく山に登り嶺を越える。蹄《ひづめ》堅く鉄蹄を用いず、長い間走っても病むことなく、まことに山行の良馬である。

第四章　木裏

永寧《ユンニン》と地を接し風俗習慣もほぼ同じのが木裏《ムーリ》である。四川省塩源県に属し、西南は中甸《チュンデン》、永北に接し、西は西康の理化、瀘定の各県に倚っている。麗江《リージアン》から十一日で達する。ここは土司の専制で、四川政府は一官一兵も駐在していない。いわゆる「甌脱《おうだつ》」の地である。清朝時代土司を封じて宣慰司として以来、代々世襲となり定期に朝貢していた。居民の三分の一は、西蔵族で、他は夷族、黄教を奉じている。土司が教権をも掌握し生殺与奪は彼の一手に懸っている。その政策は専制集産、人民に対し出境、営業の自由を許さぬばかりか、外地から入った客を自由に接待することも許さない。平民は布帛《ふはく》を着得ず粗末な麻の衣を一着まとっているばかりである。物産には山貸薬材の外金鉱が豊富といわれているが平時は人民の採掘を許さず多量の金銀財物は悉く土司の庫に収められる。

土司の名はシャンツチャンタパといい年四十余、西康省理化の人、かつてラサで仏教を数年学び、また印度の各地を遊歴し、すこぶる精悍明達、雲南籍の学識ある多数の漢文秘書を擁し、毎日各地の新聞を訳させ、内外の政治情勢にも極めて明るい。しかし人民に対しては徹底した専制政策をとっている。かつて或る人が彼に、

「木裏《ムーリ》の地は黄金の埋蔵多く、木裏《ムーリ》の路は凹凸甚しく、木裏《ムーリ》の人は愚昧である。なにゆえ金鉱を掘り道路を修理し交通を整えないのであるか。なにゆえ人は粗衣粗食し、終身碌々として暮しているのであるか」と、訊ねたことがある。

土司はこれを聞いて顔色をかえて答えた。
「機械には機心がある。物に使役せられると人は精神を失い、欲望がはげしければそれを満すことが出来ず、華美に陥るとその実質を失うものである。予はむしろ我が民が田を耕し葛を織って着、牛馬犬豚と共に暮すことを望んでいる。予は我が民が機に投じ巧をとり、争って上を犯し乱をなし地方の秩序を不安に陥れることは望まない。ゆえに予は貴下の言に承服することは出来ない」

問うた人はこれに対し憤慨して云ったそうである。
「貴下の道を以て民を治めたならば、民の智をふさぎ民の聡を閉ざすがゆえに、非分の想を絶ち社会の乱萌を防ぐことは出来るであろう。しかし今の世は新しい潮流が漲《みなぎ》っていて到底これを防げるものではない。貴下は厳に牆壁《しょうへき》をめぐらしこの潮流を防ぎ止めるつもりであるか」

木裏《ムーリ》の人は多く農牧あるいは手工業に従事し勤倹素朴、衣食さえ足りれば他に何等の欲望も持たない。土司を神の如く畏れ唯々としてその命に服している。採金に巧みで厳層や土の色によって金鉱の在所を弁別する。採掘は禁じられているが、年一回一ヶ月だけ禁を解き人民に採掘を許している。地の力を惜しむためだそうであるが、採掘した金は三分の一は土司の所有に帰する。彼はこれを土倉の中に蔵し不時の用に備えているのである。土司はいつもこう云っている。「金の地下に埋蔵しているのは木裏《ムーリ》の庫に等しい。一度に採掘すると四方に流出してしまう。ゆえに必要だけ採掘すればよいので開発する要はない」数年前木裏《ムーリ》に属する龍達地方で、四川当局によって龍達金廠《きんしょう》が経営せられたが、土司の反対にあって閉鎖した。

土司は兵器、殊に外国製の新式銃を好み、かなり多く所有している。銃を買うためには金に糸目をつけず、常に印度方面に人を派して購入させている。民国二十年、代表二名を南京に遣わし蔣主席に謁せしめたが、帰るに臨み主席は歩兵銃数十挺を支給した。四川、雲南当局も時々贈物として銃器を給している。民国十九年、雲南軍長の胡若愚が雲南に敗れ木裏《ムーリ》に逃れた時、土司は歓待したが、その去る時に険要の地に要して狙撃し兵器多数を鹵獲したことがある。かつて米国の元大統領ルーズヴェルトの子息と海軍武官が木裏《ムーリ》に来た時、土司に兵器を数挺贈った。土司はなお不足として康蔵の名宝仏画と最新式の機関銃一挺と交換したいと申入れたので、ルーズヴェルトは帰米後駐雲南領事をして一挺送らしめた。

木裏《ムーリ》では一つの大きな村、あるいは数個の小村が連合して一つの木瓜《ムークワ》の監理を受けている。木瓜《ムークワ》は康蔵各地に於けるパイソに同じく、雲南では「伙頭《フオトー》」といい、代々世襲になっている。木裏《ムーリ》全体に木瓜《ムークワ》が二十余あり、そのうち俄羅木瓜《オーロムークワ》が最も大きい。各木瓜《ムークワ》は土司の管理を受け民衆を統治している。

ラマ寺には木裏根清《ムーリケンチン》、根巴頂《ケンパチン》、根穹《ケンチュン》の三寺あり、根精寺が最も大きい。三寺の位置はちょうど三角形をなし、その間数百里距っている。どの寺にも土司の衙門、倉庫、監獄などがある。土司は三寺の間を往来し、一年三寺に分駐或いは一年一寺に居住している。土司の不在の時は寺中の高級ラマが代って日常の政務を見る。全木裏《ムーリ》を三区に分ち、三寺が三県の政府の如くそれぞれ支配しその上に土司がいるのである。土司には護衛兵百余あり、その妹婿の張大吉が隊長である。隊は三寺の青年ラマによって組織され、服装も整い訓練行届き、これが木裏《ムーリ》の常備軍である。各要路に隊が駐屯し、一旦事あれば人民を召集し訓練を施し、倉庫の銃弾を出して貸与する。土司が政教両権を兼掌しているため無上の勢威を有し、西蔵のダライにも比すべく、人称して小ダライと云っている。

木裏《ムーリ》には野獣の産多く、なかんずく羆《ひぐま》が有名である。往年ルーズヴェルトの子息が来た時、博物館へ陳列するのだとて大金をもって求めたがなかなか得られず、遂に自ら従者多数を従えて山深く入った。土人の案内はあったがたびたび道に迷い、地図を便りに道を伝い、数十日も野宿して、最後に高く切立った嶺についた。積雪のため道は埋まり、土人は恐れて進まない。彼は奮然先に立ち、遂に山上に達し、そこで羆を発見した。続けて二発射って斃し抱えて山を下ったが、珍宝を得たように人生最大幸福はこの外にないといった態であった。帰ると早速記念撮影をし、宴を張って従者や案内の土人をねぎらい厚く賞を与えた。外人の冒険精神は全く賞讃に値する。ル氏は羆を捕獲した外、種々と珍貴な品を箱一杯に持ち帰ったそうであるが、思うに我国の辺陲《へんすい》の地には資源豊富なるに拘らず国民は探求することを知らず、徒らに外人の発見に委めている。実に恥ずべきことで、国民の奮起を望んで已まぬ次第である。

第五章　中甸

麗江《リージアン》から西に進むと、路は峨々《がが》たる巌や峻しい坂で恰《あた》かも天への梯を登るよう。老檜《ろうかい》繁り雲霧がたちこめているので乗っている馬の首が見えず、混迷の世界へ入るのではないかと思われた。ところが三日するとたちまち広い盆地に出る。風清々しく月朗らかに、草原には点々と黄菊が咲いている。牛や羊が群れ、あちこちに天幕が見える。更に進むと儼然《げんぜん》一つの城市で炊煙縷々《すいえんるる》とたちのぼっている。ちょうど武陵の漁夫が桃源へ迷い込んだような気持であった。ここはどこであろう、雲南西康の境の中甸《チュンデン》県城である。居民はすべて西蔵族で、昔は西康土司の管轄区域であったが、清の雍正年間に雲南の属県に変改された。面積は縦横六七百里、内地各県の面積に比べるとその十県にもあたる。しかし地広く人少く富源は開発されず、畢竟数万の西康人が太古の生活をそのまま、のびやかに暮しているところである。

中甸《チュンデン》城は三角形をなし、その頂点は丘の上に位し、そこにのぼると全城が見渡される。城内の建物は煉瓦を用いず、土を築いて垣とし、板葺の屋根には風に吹き飛ばされないように鵝卵石の重しがおいてある。屋根に長い桿《かん》を立て白い経旛《タルチヨー》を結び、それがひらひらと風になびいている。これはあながち中甸《チュンデン》ばかりに見らるるものではないが、仏教信心の西康人が梵文を旗に記るし、風の力をかりて法音を四方に宣布するわけである。城内には僅か二条の街道があり、牛馬雑沓し泥濘《でいねい》は膝を没し臭気はむっと鼻をつくが、家の中はきれいにととのっている。ここの生活程度は極めて低く、ツァンバ、酥油《スーユー》から牛肉野菜にいたるまで他所に比べると半分方も安く、五人家族の家で月十円あれば相当楽な生活が出来る。民性は勤倹質朴で虚飾に流れず、身分不相応な考えなど更にない。太陽と共に起きて働き、太陽が没すると同時に休み、世間の事など皆目知らない。城内には井戸がない。泉が一つあってそこから全城の飲料と洗濯用水を供給する。女は大の桶に水を汲み、それを皮帯で吊るし、臀の上にあてがって歩くが、その動作が極めて敏捷である。夜の明けた時、日の沈む時は、街中水を担いだ女で一杯になる。泉のほとりには水汲む女が蟻のように群がるから、街の女を見たいと思ったら、そこへ行くがよい。女は水を汲む時口々に歌を唱う。水を汲み終るとあちこちに乳を擣《つ》く音がする。牛乳を搾って木の桶に入れ、擣《つ》いて醱酵《はっこう》させる。上に浮いたのが酥油《スーユー》、沈澱したのが乳渣、中間のものが乳酸で、いずれも西康人の主要飲料である。乳擣きがすむと、やがて炊煙が朝日の中にゆるやかに舞い上る。これが中甸《チュンデン》人の生活の常に変らぬ現象である。

　では中甸《チュンデン》人はいつまでも桃源境に居ることが出来るであろうか。否である。県に属する東哇絨八《トンワルンパ》村は盗賊の巣である。そこの住民の九割は盗賊で、秋とり入れがすんで暇になると、銃を担いだ一隊が馬に跨って四方へ略奪に出かける。中甸《チュンデン》県城はその唯一の顧客である。襲撃するや鶏や犬の駭《おどろ》き叫ぶうちに、松明をともして屋内に押し入り、箱や袋を担いで馳けて行く。雲南の官兵は遠く数百里に距っているので、知らせを受けて大急ぎで駆けつけた時にはもう遠くに逃げている。時には険要の地に拠って抵抗する。聞くところによると、東哇《トンワ》村民が盗賊になった原因は、西康の郷城〔今の定郷〕徳栄等と境を接しているからだそうである。郷城、徳栄は有名な盗匪の郷、東哇《トンワ》の民はその苦に堪えず、しかも辺陲の地にあって政府の庇護なく自ら銃を買って自衛することも出来ない。そこで遂に道を変えて、牛を取られれば羊を取る、向うが村を略奪すればこちらは家を壊すというふうで、いつのまにか藍より出でて藍より青くなり、更に中甸《チュンデン》県内へまでも手を伸したのである。こうして中甸《チュンデン》人の淳朴和楽の気風も余すところなく打壊されてしまった。自衛の本能から中甸《チュンデン》でも戸毎に銃を備え騎馬隊を編成し、千把総《チエンパツォン》及びラマ寺のラマが統率し、数年ならずして立派な軍隊が出来上り、銃も七八百挺になった。そうなると東哇《トンワ》村も公然と来犯しなくなったが、それでも隙あるごとに襲撃し来り、これがここ数年の雲南西康辺境紛糾の癌となっている。民国二十年の下季、中央から西康に派遣された格桑沢仁《ゲサンツエレン》氏が、途中ここに立寄り当局の委託を受けて中甸《チュンデン》から東哇に至り懇切に宣撫したため、彼等も喜んで迎え、以後再び略奪せず官に服することを誓った。こうして約半年余りは村は平静を保っていたが、格桑《ゲサン》氏が去ってからはやはり昔の味が忘れられず、またまたもとの生活に戻っている。

中甸《チュンデン》城の北門を出ると、十余里に余る広い草原がある。四面山をめぐらし、ちょうど盆の底のようになっている。一本の小川が曲折して流れ、草原をいくつかに分けている。牛や羊が草を食い、小川のほとりには水車小屋が終日がらがら鳴っている。大麦を挽いてツァンバを作るところである。草原の上空には野鴨が低く廻り鳴いて水車の音と相和し、このもの寂しい静かな広野の中でちょうど子供の言葉のように聞える。草原の涯に高い建物があり山の麓まで延びている。それが中甸《チュンデン》の有名な帰化寺である。清廷の勅建にかかるもので、外牆は赤く塗られ、大殿の屋根は銅を用い燦爛《さんらん》目を奪う。寺中にはラマ数千名が住し黄教を信奉している。ラマはもとは朝廷から食費を支給され、地方から糧賦を取立てていたが、民国以来、康蔵の各寺のラマは大半食費を停止されたのに、この中甸《チュンデン》の帰化寺のみは今なお元のように支給を受けている。中甸《チュンデン》県の糧賦収入はラマの食料を差引くといくらも残らない。しかし政府は地方行政に対して実権なく、民事刑事両件とも千把総《チエンパツォン》の裁決もしくはラマ寺の命を聴くのであるから、ラマ寺の収入も決して過分とは思っていない。寺内は八大カムツァンに分れている。各カムツァンの上に統率機関があり、それが教務、財務、執法の各部に分れ、秩序整然として一個の小社会を形成している。

寺内には小銃八九百挺あり、ラマ騎兵隊を編成し、寺中の智謀勝れたラマが統率し、紀律厳重で十分の実力を持っている。それが全県の保障に任じているばかりでなく、中甸《チユンデン》県府もその庇護の下に存在し得ている状態で、数年来中甸《チユンデン》が略奪に遭わないのはこの寺の保護に負うところ大である。

中甸《チユンデン》の全県は五区に分れ、各区に千総《チエンツオン》〔中尉級の武官名〕一名、把総《パーツオン》〔少尉級の武官名〕二名、別に営官二名をおいている。いずれも世襲である。数年前、中甸《チユンデン》県長楊某の時代に、東哇《トンワ》村民が四方に略奪を恣にした。そこで県長は土匪二名を手なづけ、営官、岱本《ダイペン》〔中国の団長。日本の連隊長に当る〕の両職を与えた。その中の一人楊姓を貰ったのが今の楊営官である。岱本《ダイペン》はもとの姓を烏《ウ》と云い、せむしで駱駝に似ているところから人みな駱駝と呼んでいる。騎馬に長じ、歩く時はよろよろしているが一たび馬に乗ると猿のように敏捷になる。常に連発銃を携え、寝る時も傍を離さない。地方に事件のある時は政教連席会議を開き、民事刑事両件とも先ずラマ及び千把総《チエンパツオン》、営官の同意を得て県府に回附して執行することになっているが、それは表向きの解決法で、実際は殆んど武力を擁している者の一存で解決してしまう場合が多い。

産物としては偏牛がある。これは耕牛と犂牛《りぎゅう》を交配したもので無類に大きいものである。

第六章　阿敦

中甸《チュンデン》から西行し金沙江に沿って上ると、山は剣の如く聳え、水は熱湯の如く沸《たぎ》っている。山の背を廻り江の東或いは西を行き約五六站すぎると阿敦《アードン》に着く。西蔵語でジニィという。金沙江の左岸、瀾滄江の右岸にあり、雲南・西康・西蔵の境界線の交点にあたっている。二つの山の間に人家が建ち並んでいる。居民は中甸《チュンデン》に比べると複雑で、西蔵族が八割を占め他は雲南の鶴慶、剣川、麗江《リージアン》三県から来た商人である。山峡の市街は、半里に達しない街路が僅か二筋あるだけであるが清潔である。土地の所有権は山頂にある徳慶《ドチン》ラマ寺に属しているが、殆んど租借され、八九割までは漢商のものになっている。大通りは雲南西康交通の要路で、毎日貨物の往来が絡繹《らくえき》として絶えない。南から来るものは雲南の産物、北から来るものは康蔵の商品である。交通に落伍した辺地商埠地の例に洩れず、鈴の音蹄の音と人の声の交錯がちょうど汽船や汽車などの喧騒に似ている。

阿敦《アードン》市の建築は気候と地勢の関係から一律に長方形の平家で、交易の便宜上、街路に面し、中に物を入れ一部を住居にし、後は厩、豚小屋、薪小屋などになっている。どの家にも畑があり、日々の野菜を自給しているが、すぐ後は山の麓であるから拡大の余地がない。気候寒冷、僅かに野菜と小麦を産するだけで、それも九月頃になって初めて実る。春冬は雪が多く時には街路に数尺も積る。幸い道が傾斜しているので真中に広い溝を掘り厚い板で掩い、雪が降ると戸毎に門前の雪を溝の中に掃き落す。そうしないと阿敦《アードン》全市が雪に埋没してしまう。阿敦《アードン》はまた霧が深い。家の中にまで入りこんで、俗に「天香薫室」と云っている。ある外人の遊記に「雪山市場」と喩えているそうであるが、すこぶる当を得ていると思う。商店や街路の露店で売っている品は雲南産の茶、砂糖、布、銅鉄器、雑貨の外は、燐寸、煙草、西洋蠟燭、メリンス、磁器、靴下、毛布、懐中電燈、石鹼砂などの舶来品が多い。これらはすべて外人の生産過剰品で値も法外に高く、下等の煙草一箱が半元もする。帝国主義の経済侵略が貧窮の郷村までも吸収し尽さんとしていることを物語るもので実に慨嘆《がいたん》に堪えない。土地の産物といえば、獣皮、羊毛や虫草、麝香《じやこう》等の薬材だけである。商店は大小を問わず一様に酒を煮、豚を飼い、又乳牛数十頭を飼育して自家用と客用にする以外に、これを商品として売っている。牛はすべて附近の牛廠〔遊牧人〕に委託し、毎年若干の酥油《スーユー》を徴収し、ちょうど地主と小作人のような状態である。街市の中程に行政公署があり、行政委員一名をおいて一県を処理せしめているが、実際は大した事件もなく、その門を叩くものがなくて門前雀羅の有様である。街の外れに兵営があり、新に雲南軍の一独立連〔連は中隊〕が駐屯して鎮護に任じている。聞く所によると、雲南政府は阿敦《アードン》の主要性に鑑《かんが》み、早くから正式に県を設けるとの議があったが、地狭く民少きためにいまだに実現を見ないのだそうである。阿敦《アードン》には食塩を産しない。住民は西康の塩井からこれを移入する。雲南省は塩税局を設けて塩税を徴収し、また塩務稽検所を設置して厳重に密輸を防いでいる。一駄の塩税は塩の原価より却って高いくらいである。或る人がこの事について訊ねたところその答えが次のようであった。「雲南の西方中甸《チユンデン》、維西、阿敦《アードン》はいずれも塩を産しない。本省の産塩を各区にあまねく配給するとなると運輸が困難であるが、と云ってすべて西康塩の移入に仰いだならば雲南の経済に影響するところ大である。従って高率の税を課しているのだ。それはむしろ保護税であって、その周到なる顧慮、当を得たる措置は敬服に値する」

阿敦《アードン》の商業の最も盛んな時は毎年秋冬の両季である。西蔵の習俗として老幼男女みな当地の有名な白約雪山あるいは雲南大理の鶏足山に参詣する。一生に三度登山すると罪業が消滅すると云われているのである。阿敦《アードン》は登山の通り道にあたっていて、遠くはラサ、昌都、近くは江卞《ガルトク》、札雅《ツァーヤ》一帯の住民が群をなして千里の途を遠しとせずやって来る。中には幼い子供も妙齢の乙女もあり、強壮な若者も蒼顔の老人も混り、ぞろぞろと連って歩く。日が暮れると天幕を張って宿り、水を汲み薪を拾って炊事をし、夜になると一緒に塊って寝る。阿敦《アードン》人は彼等をアジョワといっている。彼等が来ると阿敦《アードン》の女たちは総出で、先ず商店へ行って品物を借りる。店の方で愚図々々云えば、身につけた首飾などを抵当におき、街はずれの広っぱに野宿しているアジョワの許に行って取引をする。布や鍋などを麝香、薬材と換え、糸針などの雑貨を獣皮、羊毛と交換して、市中の十倍の儲けをする。晩になると商店から借りた額を返し、残った儲けの一部を割いて同行者と一緒に酒を買って飲み、よい機嫌に酔払う。阿敦《アードン》の女は農業も牧畜もせず、専らアジョワとの交易で暮しているのである。珍しいことは彼等は毎年春になると、ちょうど農夫が秋の収獲を占うように天象を観測してその年のアジョワの来る数の多少をトする。アジョワの道中は貧富老幼を問わず徒歩で、銘々食料を負い、多い時は山羊に積むが、馬には絶対に乗らない。彼等はもちろん熱烈なる宗教心に駆られ、あらゆる艱難辛苦もその信仰心を阻むことは出来ないのであろうが、しかし康蔵人の忍苦の精神はこれによっても窺い知ることが出来よう。

阿敦《アードン》の白約雪山は瀾滄江の西岸にあり、阿敦《アードン》から僅か数十里、終歳皚々《しゅうさいがいがい》たる白雪を戴き、見上げるとまばゆく目を射る。西蔵ではこれを八大神山の一として異常な信仰を捧げ、麓を通るものは必ず頂上に向って礼拝し、中にはそこに数日寝泊りしているものもある。こういう彼等が南京上海あたりに行って、空とぶ飛行機、水を走る巨船、蜿蜒龍《えんえんりゆう》の如き汽車を見たらどんなに驚くことであろう。

この地には千総《チエンツアン》一、把総《パーツアン》二あり、その権勢も中甸《チユンデン》と同様で、所属の人民は小銃数百挺を有している。以前はしばしば西康の塩井の貢噶《グンガ》ラマと戦い、報復を繰返すこと七八年の長きに亙り、双方の生命財産の損失は莫大の数に上った。当時は雲南省も多事の際とて顧《かえり》みる遑《てい》がなく、ために阿敦《アードン》市も大通りは二度も劫略にあい、他郷の商人は殆んど看板を下して郷里に引揚げてしまい、市場は一度に衰微した。民国二十年、格桑沢仁《ゲサンツエレン》が西康への帰途通過し、双方の当事者を招いて調停した結果互に和好通商し以後相犯すことなきようになった。同時に雲南省政府も軍隊を派し鎮圧したので以来初めて安静になった。今日、街中に阿敦《アードン》塩井の紛糾解決を記念する石塔が建っている。

第七章　康東近況

往年入蔵した時には道を康東に取り康定を経た。当時西康軍政の大権は辺防軍旅長馬驌〔庶凡〕が握り勢威赫々たるものあり。馬氏こそは西康を整理するの責任を負い以て辺防を強固にし得るのではないかと思った。然るに康定を過ぎて西するに及び、所謂辺防軍なるものはその実力僅かに康定及び南北路の一、二の大城市に止まり、理化、巴安一帯の如きは、少数の軍隊の駐在はあっても、その力の劣弱なることは思いの外であり、平時地方を保衛し得ざるのみならず、地方のラマ寺及び酋長の保護下にある状態である。それでは辺地に於て今後ますます紛糾を増すのではないかと思ったところ、果してその後、大金寺事件が起って日ましに拡大し、北路敗戦失地の際、馬驌もまた暗殺されたと聞いた。辺防の責任者が西康を無視し、一切を悍将の跋扈と庸吏《ようり》の貪婪《どんらん》に委ね、遂に西康を収拾すべからざる地に陥れたことは実に慨嘆に堪えない。

これより先、旧暦の新年に際し、旅部内で麻雀を戦わし、馬旅長は寝台に横わり阿片を吸っていた。夜半、人の寝静ったところへ忽ち人声が騒しくなり「俺達は薄い粥さえも腹一杯食べないのに、旅長は昼も夜も楽をしている。俺達に給料を払え。いやなら行っちまうぞ！」旅長はその声を聞き起き上って戸口に出て大勢の兵士に向い罵って云った。「馬鹿！　給料だって？　戦場では死んだふりをしてカラ意気地がない癖に、普段は給料の催促ばかりしてやがる。さっさと行かんと鉄砲弾を御馳走するぞ！」すると兵士どもは又も騒ぎ立てて「有難う旅長。我々は何も旅長の御馳走になるには及びませんよ、旅長こそ我々の贈物を受けて下さい」と云いざま、狙い定めて一発、旅長はどうと斃れた。全城忽ち大混乱に陥り、旅部・造幣廠等の機関や一部の商店は悉く略奪を受け、夜が明けるや兵士共は北門から潰走し、丹巴方面の二十八軍防区に向って去った。翌日になって雅江に駐在の旅長余如海が知らせを受けて兵を率いて鎮圧し、漸く平静を取戻した。

馬驌暗殺の消息が巴安に伝わるや、巴安駐軍の一団も蠢動《しゅんどう》の気配を示し始めた。たまたま西康省党務特派員格桑沢仁《ゲサンツエレン》が党員を率いてこの時巴安に来た。党務の二字は駐軍の深く悪むところ、遂に二月二十六日党務員戴良晞を路に要して暗殺した。巴安の僧侶も民衆も駐軍の擾乱を恐れ、民兵を召集して駐軍を四方より包囲し、一昼夜の間に武装解除し、西康省民軍を編成すると同時に西康省建省委員会を組織し、格桑沢仁《ゲサンツエレン》を司令兼委員長に推し、一方特派員を首都に派して中央に速に大官を西康に派し統率するよう要請し、かくて革命の空気は果然辺陲の地に瀰漫《びまん》するに至った。まもなく川康辺防総指揮劉文輝《リウウエンホイ》氏が、康北は敗軍失地し、康南は離脱の状態にあり、国をあげて責任を問い与論沸騰せるに鑑み、代表を巴安に派して和解を進め、一方精鋭を調集して康北を攻め、また青海駐軍と結んで昌都を攻め夾撃の効を収めた。西蔵軍これを聞くや使を巴安に派して巴安、理化を通って鑪城に進まんとはかったが、意外にも拒絶に遭ったので、大挙して巴安を攻撃した。格桑沢仁《ゲサンツエレン》は民兵数千を率い道を分って敵を邀《むか》え、交戦数ヶ月に亙り、弾薬欠乏したが、辺防軍の応援によって遂に蔵兵を撃退して全西康各県を保全し、同時に康北と青海も夾撃奏功して大勝を得た。大金寺の一役は四川西蔵両軍の主力の決戦で、肉搏数日に亙り双方死傷累々、蔵軍は大敗して退却し、四川軍は甘孜《カンツエ》、瞻化《チャンホア》、徳格《ドーゲ》の各地を回復し、更に進んで青海及び康南の各路と連絡し、勝に乗じて金沙江を渡って猛攻した。西蔵側は到底支え得なかったが、中央もちょうど国難厳重の時だったので、攻撃中止の命を下した。同時に四川省内に内乱が起って牽制を受けた。蔵側はそこで悠悠と各方面と臨時停戦不可侵協約を締結した。康南の格桑沢仁《ゲサンツェレン》も命を奉じて報告のため帰京したので、地方政権を劉文輝《リウウエンホイ》氏に返還し、ここに各路の戦争も一段落を告げたのである。

最近数ヶ月以来、四川省の内訌《ないこう》頻《しき》りに起って未だ終熄を見ず、劉文輝《リウウエンホイ》氏は康定駐屯の各軍を調練して参戦せしめたため、西康内の防務は少数の残留部隊の駐守するところとなった。西蔵兵はその隙をうかがい、またまた軍備をととのえ捲土重来《けんどちょうらい》を期している。金沙江一帯はいつでも襲撃を受ける可能性があり、同時に北路では駐軍が甘孜《カンツェ》県の土司母子二人を殺し、民衆の怨みを買っている。康南駐防軍団長馬某は命を受けて接収した後、ほしいままに巴安民軍首領数人を殺したため、その派遣した徳栄、郷城南県の県長は前後して人民に捕えられて殺され、更に徴糧徴役に対する反抗が起っている。以上の種々の情勢を綜合すると、四川省は紛乱しているし、西蔵兵は巧みに隠を窺い、康北、康南両路では少数の駐軍が民衆と一致せず、平静になってまだ数ヶ月にもならぬ西康も最近再び水興り浪騒ぎ、謡言しきりに起っている。当局にしてもし一日も早くこれが整理に当らなければ、西康は永久に平安の日なきに至るであろう。

第八章　大金寺

大金、白利の局部的紛争はこれが端緒となって、康蔵間空前の戦争にまで拡大した。かくてこの区々たるラマ寺は全国人士の注目するところとなったが、この大金寺は西康北路の甘孜《カンツェ》に属する黄教の大寺院である。地は白利土司の管轄内にある。土司には男子がなくて娘が宗祀を継承していた。大金寺がその財産に眼をつけ、一無頼のラマ僧をして彼女を誘惑せしめた。醜聞が四方に拡まって白利の住民の反感を買い、遂にその僧は放逐の憂目に遇うた。辱しめを受けたラマは直ちに寺に帰り泣いて訴えた。全寺は大に憤慨し問罪の師を興すことになった。白利の住民は恐れて直ちに甘孜《カンツェ》県政府に援助を求めるとともに駐軍の鎮圧を請うた。駐軍は馬驌の率いる辺防軍歩兵で、給料は数ヶ月も給与されず、非常な苦痛を感じていた。大金寺の財産の豊富なることを知っていたので、餓鷹《がおう》の一攫とばかり、早速白利民衆の願を容れた。然るに豈はからんや強暴凶悪なラマは官府の大軍を畏れず、関を開き敵を迎えて駐軍を猛撃した。何しろ飢えかつえている駐軍のことであるから、不意に猛虎に遇ったように、その咆哮を聞いたばかりで降参してしまった。馬驌は聞いて大に怒り、師を整えて再び甘孜《カンツェ》県境に進んだ。すると一方大金寺もすでに西蔵の援助を乞い、かくて局部的紛争は漸く康蔵戦争の導火線となり、激戦数月、死傷野に満ちたが、眇《びょう》たる一大金寺は依然として微動だもせず、甘孜《カンツェ》、瞻化《チャンホア》は反って西蔵兵のために奪い去られてしまった。ここに至って馬驌も自力では到底及ばぬことを悟り、辺防総指揮劉文輝《リウウエンホイ》氏の指示を仰いだ。劉《リウ》氏は更に中央の処理を請い、かくて唐柯三《タンコサン》氏が政府の命を帯びて調停に赴いた。然るに西蔵側では毫《ごう》も誠意なく、再三折衝を重ねたが遂に要領を得ず、唐氏《タン》はやむなく成都へ引返した。西蔵側の気勢はますますあがった。その頃馬驌が狙撃され、辺事の糜爛《びらん》は極点に達し、辺防軍の威信は地を掃《はら》っていた。劉《リウ》総指揮はそこで旅長余如海を入康せしめ、失地回復の責を負い、精鋭な兵五団以上を出し、且つ青海省軍並びに康南民軍と連合、急風暴雨の如く進攻し、数日を出でずして甘孜《カンツエ》、瞻化《チャンホア》を回復し、更に大金寺に迫った。西蔵人は辺境軍を脆弱なものと見ていたが、実は全部が弱いのではなく、ただ康定の駐軍が弱かったのである。であるから精兵を調えて西康に入るや、西蔵軍をして西康省内に一歩も入らしめないばかりか、西蔵人の領域さえ保つことが出来ぬようになった。

大金寺はすでに包囲された。そこで一同寺を放棄し逃走することとなり、先ず財宝を秘かに持出し、次いで老弱幼稚のラマ及び家族達を徳格《ドーゲ》に遷し、不要なものは破壊し、そのあとで油に火をつけて寺を焼き払った。かくしてこの雄大宏壮な古寺も遂に歴史的な古跡になってしまった。寺の僧は蔵軍に随って西方に退却し、金沙江を渡り険に拠って死守したが、後に停戦協定が成立してから更に西方に退き、今は昌都に駐在し、西蔵政府から英式の歩兵銃三百挺及び三百名分の給料を得、同寺所有の分と合して千挺以上に達し、その上地方から糧秣《りようまつ》の供給を受け、盛んに訓練に従事している。彼等がもと所有していた公私の財産家畜は、寺内の大仏に至るまでことごとく各自分担してきれいにさらって持って出た。そのうえ西方へ退却の途中で遇った康東の客商を襲って略奪した。そのため彼等の所有の物品家畜は非常に多く、男女老幼絡繹として連り、実に盛大なものであった。この寺の僧兵は現在一様に白い武装をして西蔵軍と区別している。内部の組織も緊密で団結一致している。もっとも一般老僧の意見では、旧寺を回復することは容易でなく、且つ四川西蔵の戦争を引起す憂いがあるから、むしろダライに請いラサの附近に地を得て寺を建てた方がよいとしているようである。ところが多数の少壮ラマ〔即ち実力派〕はこれに反対し、昌都から断乎一歩も退かずとの堅い決意を示すに至った。この寺のラマは現在昌都にあって随時地方から糧秣を徴発し、康東の商人が通ればこれを横領するなど、西蔵官吏も手の下しようがない有様である。この寺のラマは曾て各戦役に従軍して特に功労があり犠牲も莫大に払った。そのため彼等は平時、我々は西蔵政府のために郷を離れ寺を毀しているのである、あくまで屈せずこれに服従し、徹底犠牲を払わなければならぬ、と揚言している。西蔵人もこれを聞いて欣然《きんぜん》これに対して尊敬の念を払っている。最近数ヶ月以来四川省内で戦争頻りに起り、西康の防備の薄きに乗じて、大金寺ラマの回寺運動は益々積極化し、随時西蔵軍の反攻を鼓吹し、その先鋒を承わらんことを願っている。この事は康蔵和平の前途に影響すること甚大で、一日も早く政府の補救安撫を待つものである。

第九章　康西及び西蔵近況

麗江《リージアン》から更に西蔵へ進む筈のところ、ダライの命が来ないので帰京しようと思ったが、任務なお終らず、その間非常に無聊《ぶりょう》に苦しめられた。幸い康蔵の同郷人がラサから或は昌都から来、私が麗江《リージアン》にいると聞いて訪ねてくれたため、いくらか寂しさを免れることが出来た。炉にかけた酪茶の壷の口から湯気がふつふつと吹き出る。蜜漬の桃や乾肉を低い卓子に列べ、羊の毛皮に坐って、種々西蔵内の近況や過ぐる康蔵戦争の様子などを聞いたのであるが、興味津々たるものがあるので客の帰ったあと筆をとって記しておいた。

大金、白利の局部的な争いから康蔵空前の戦争を引起し、いよいよ烈しくなるや遂に青海及び康南民軍までも前後して渦中に投ずるに至った。北路の蔵軍は青海軍と青康辺境の玉樹一帯で鋒を交え、青海軍の指揮は馬歩芳、蔵軍の指揮はシャス岱本《ダイペン》。中路の蔵軍は四川軍と甘孜《カンツェ》、瞻化《チャンホア》、徳格《ドーゲ》で激戦し、四川側は旅長の鄧蟠村が指揮し、西蔵側はチュンラン岱本《ダイペン》が指揮をとっていた。南路の蔵軍は巴安、塩井一帯を侵犯し、シワロンパがこれを統率し、康南民軍の司令官は格桑沢仁《ゲサンツェレン》であった。三路の戦事は双方とも官兵総数二万以上、戦闘五ヶ月、戦線南北数千里、死傷四千以上にのぼり、地方人民の惨に遭うものに至っては数うるにたえないほどであった。かつての西康の各重要地方の商業輻輳《ふくそう》し居民稠密だった所も、今や一変して荒涼凄惨な憐むべき地になり、その他富裕な村落、隆盛を誇った寺院もことごとく戦争の狂瀾《きょうらん》中に洗い流され、村舎は廃墟となり、骸骨は累々と横わった。抑々誰がこうしたのであるか、思えば戦神の残酷を痛恨せざるを得ない。

戦争の起った当初、西蔵側では往年四川軍と戦って勝った経験に惑わされ、青海軍は駐兵少く防備薄く、康南民兵に至っては極めて散漫で、しかも同族同教であるから、容易に威をもって脅かし利をもって誘い得るものと思っていた。然るにこの度はそうでなかった。というのは川康辺防軍は先の敗戦に鑑み、特に将兵を交代して決死抗戦し、青海軍は厳重に塁を築いて一歩も入らしめず、しかもその騎兵は名だたるもの、康南の民軍もまた格桑沢仁《ゲサンツエレン》の指揮によって訓練を経、既に鉄の団結が成り、如何に蔵軍が威迫誘惑しても微動だにしなくなっていた。ここに於て西蔵側でも限りある常備軍では補充に困難であり、同時に三方に当らねばならず、奔命に疲れ果てて遂に敗れ去ったのである。

今次の戦争に参加したという蔵軍の一排長が麗江《リージアン》に来たが、彼は私に向って訊ねた。四川、青海の両軍は兵も多く武器も精鋭であるから蔵軍の敗れたのは当然であるが、康南の民衆は皿の砂の如く全然無組織で、しかも西蔵との関係は密接で今迄時々運動を起しても容易に鎮圧されたものであるが、今度の場合だけは一変して最強の敵になった。初めそれを知らず、康南に進攻した時、代表を各寺各頭人に派遣して折衝しようとしたところ、意外にも各地に於て閉め出しを喰らい、民衆は皆死を誓って格桑沢仁《ゲサンツエレン》の命に服従しようという、あの格桑沢仁《ゲサンツエレン》なるものはそも如何なる神通力をもっているのであろうか、と。私は笑って答えた。君は現在の政府が三民主義革命実行の政府なることを御存じないか、三民主義を創造された孫中山先生を御存じないか、孫中山先生は中国民族の平等を主張され、且つ国内各弱小民族の政治経済の発展を援助し、一切の苦痛から解放せしめんと念願された、すなわち民族の救星である、康南の民衆は先生を信奉敬仰している、あの格桑沢仁《ゲサンツエレン》は孫先生に代ってその意を伝えているものにすぎないのである、と。排長は私の言葉を聞いて成程と感嘆した。心中果してどれだけ私の言を了解したか知る由もないが、その態度は極めて敬虔で、私が三民主義や党国の現状に就て説明したところ、彼は頭を搔いて恐縮し、自分も一度内地へ行って学びたいものだと云った。

排長は更に次のようなことを私に云った。戦争の始まるや、西蔵の民衆の間には謡言が頻りに起り、四川、青海、康南の各軍が今にもラサに進攻するであろうと云い、一刻も早く和を講ずべきであるとの議論が多数を占めていた、然しダライの左右は一戦を固持し、徴兵、徴発を加重した。そのためラサの大寺院及び一般人民は非常な不満を抱き、反抗の気勢を示したので、悧巧《りこう》のダライは直ちに南無法会の名目の下に僧民を召集し、親しく諄々《くどくど》と解き示した。ダライは元来宮殿の奥深くにいて一般僧民は容易に見られないのであるが、それが今親しく壇上に立って民衆を前に滔々《とうとう》数時間の長きに亙り、団結一致、時艱《じかん》を挽救すべきを説いたのである。音調沈痛を極め、聴衆の中には面を掩《おお》うて号泣するものさえあった。ダライは更に親《みずか》ら作成した官民に告ぐるの書数千部を印刷して人民に配布した。排長はその一部を取出して私に見せてくれたが、以下それを要訳して掲げよう。

ダライ民国二十一年全蔵官民に告ぐるの書

「今回ラサに南無大法会を召集し、駆魔誦経を行うのは、実に災を消し福を求むる盛大なる式を挙げることが容易でない為である。大堪布《カンプ》の上奏に拠れば、法会の時には法神喃穹闕雄《ナンチュンチュユシュン》に御降臨を請い奉り、余の為に長寿を祈り、衆生の為に災難消除を祈るとのことである。法神よりは御黙佑を賜る旨の御訓示あり、並に禳災益寿《じょうさいえきじゅ》の諸妙法につき御指示を頂いた。その他各種の御祓挙行に就いては、法神よりの御訓示の通りに行うべきは勿論なるも、なお余が些か感じた所を諸子に向って述べたいと思う。余は幼き時より雍曾祥《ユンツォシャン》、巴仁波親《パレンポチン》の両大尊師及び各大徳高僧の御訓誨を受け、懈《おこた》ることなく修行して徳をみがき、あらゆる法門の階梯を順次進んで、戒律といわず経典といわず、修め尽さざるはなく、十八歳の年に位に登り、上世より伝えられたる大業を継承したのである。未だ金瓶の拈選《ねんせん》こそ経ておらぬが、神示の在る所を以てすれば、当然教政の大権を掌理《しょうり》すべきものであったのである。甲辰の年〔一九〇四〕英軍がラサに進犯した当時、余が若し個人の安全と目前の利益とを図ったならば、必ずや講和条約を結んでいたことであろう。しかしながら西蔵の大教が外人の侵凌を受けるのは、到底吾人の忍ぶ能わざる所であったし、且つ上は第五世の時より、中国清朝の大皇帝と法縁を結び、この上もなく親密なる間柄に在ったので、余は遠路を辞せずしてはるばる北京に赴き、太后、皇帝以下に向って西蔵の事情を上陳したるところ、優渥《ゆうあく》なる御待遇を賜ったのであった。しかるに皇帝太后は相前後して崩御あらせられ、余も又西蔵にて僧侶人民が余を待ちかねているを念うてこれを放置するに忍びず、遂に北京を離れて西蔵に帰来した。たまたま駐蔵大臣と軍隊との間に衝突あり、（中略）余は已むを得ず印度に奔り、印度より西蔵に於ける変乱に就き北京に宛てて上奏する所があったのであるが、遂に之に対する御回示は得られなかったのである。そこで余は機会に乗じて西蔵に返り、再び教政を掌《つかさど》ることとなり、それより後は孜々《しし》として懈らず、力の限りを尽して我政教の強化発展を謀ること二十余年、今や教政は昌明《しょうみょう》に、万衆は相睦《あいむつ》むに至ったのである。これは事実が証明している所であって、決して余が敢て自分の功徳を誇っているのではない。実に我教政に忠実に努力し、いたずら良心に愧《は》じざるよう求めた為に他ならぬのである。今や時局はいよいよ艱難《かんなん》に事情は益々複雑化した。余が老年を以てして、いかで劇務に耐えよう。今やすでに五十有八、諸子はみな余の余命幾何もなきを知って居られる筈であるにも拘らず、諸大僧の勉責、民衆の激励を以て察するに、みな余が一切を解脱し、参悟に専心して、来世の智慧を啓《ひら》くことに対しては寧《むし》ろ之を希望せず、之を以て九仞《きゅうじん》の功を一簣《き》に虧《か》くと為し「『書経』より。最後のもっこ一杯の土が足りないために、せっかくの山も完成しない。少しの過失で長い努力がだめになってしまうことのたとえ」、西蔵現在の安定せる政局を再び混乱に陥らしむるものとして憂慮しているものの如くである。余も又これに対して内心情の動くを禁じ得ず、勉めて困難に当らんと決心した次第である。これは決して余が政権に恋々《れんれん》たる為ではなく、実に已むを得ざる衷情《ちゅうじょう》より出でしものなることを、諸子は知っていてもらいたいものである。今日の世界の大勢を通観するに、余は西蔵の前途に対して寒心に堪えないものがある。例えば外蒙に於ては共産主義が勢力を占め、吉僧当巴《タンパ》活仏の産生を禁止し、寺院財産は没収され、ラマは強制的に還俗せしめられて兵役に充てられている。これはみな事実であって、確かなる筋より聞知《ぶんち》したものである。かくの如き艱難危殆《かんなんきたい》の時代に於て、幸い吾人は主権を我手に有しているのであるから、ただ万衆心を一にして、発奮して強を図りさえしたならば、如何なる難局にもせよ自治能力を堅強にして之を防ぐことが出来るであろう。そうしない限り、外蒙に於て発生したことが、再び西蔵に於ても演ぜられないとは保証し難いのである。とすれば我西蔵の隆盛なる教業も、寺院もラマも、悉く破壊し尽さるるは必然であり、貴族世家といえどもまた滅亡して奴隷となるべく、吾が千余年来の西蔵の正統は、将来僅かに歴史の上に一つの思い出として留るであろう。一たびここに思い到れば、真に限りない危懼《きぐ》を感ずるのである。ただ余が一日でも生きている限りは敢て責任を負い、如何なる変動をも来たさしめぬつもりである。未来の変化は予測出来ないとするも、西蔵人の発奮自強の態度如何を以て之を断ずることは出来るであろう。而して目下計画中の教政の強化に就ては、僧俗軍政各員は須《すべか》らく努力して事に当り、全西蔵の為に災を除き福を与うる様につとめられたい。また万衆に於てもよく地方を愛護し法令を遵守せんことを希望する。要するに上下心を一にし、力を合せて進み、言行一致、職責に忠なるべきである。しかる時は福祐《ふくゆう》斉しく到るべく、余は必ず之を黙佑し、並に之を升賞するであろう。之に反して、其事業にして光明を期し難きときは、余は必ず之を懲罰するであろう。（中略）兵は須らく精なるを求むべきであり、訓練は徹底的であるべきである。将士にして若し労苦を辞せずして、教政を護るならば、犠牲となるともまた光栄多からん。凡そ上の示す所、万衆之を遵守して行い、各々能う所を尽し、以て其責を尽さんことを希望する。余もまた益々自ら勉め、兼ねて諸仏及び各加護神の御賛助を折り、教政の基礎をして日に固からしめ、人民をしてみな福利を得しめんことを求める。兹《ここ》に法会開かれ、諸大堪布《カンプ》余の為に長寿を祈り、全西蔵の為に災を除き福を求めらるるに当って、特に余が意を衆に宣示する次第である」

法会が開かれるや、人心は為に一振して、内部は挙《こぞ》って服従した。次いで三方面の戦争も終結を告げて、従前通り金沙江以西の各地を保有することが出来、以後唯一の要務は軍隊を拡充することに在った。かくて新しく編制替えを行い、西蔵文の字母を以て岱本《ダイペン》〔団〕の符号とし、すでに第十八字母まで編制が成ったと聞く。昨年の戦役に従った官兵に対する賞罰も行われて、西康駐剳《ちゆうさつ》のガルロン・アンピは職を免ぜられ、チュンランがその後任にあげられたので、アンピは慚愧憂憤の余り、西蔵に帰りつかぬうちに昌都で病死したとのことである。

それから、康蔵の民間では、ダライとパンチェンとの間にすでに了解が成立し、パンチェンの入蔵を歓迎しているとの噂で目下持ちきっていて、いずれも欣喜雀躍《きんきじやくやく》のていである。ダライもパンチェンも宗教上均しく人民の信仰する所であり、その間に優劣はないからである。

金沙江上流の両岸には、四川青海軍と西蔵兵とが河を隔てて守っている。臨時停戦条的こそ締結されているが、双方の防備警戒は甚だ厳重であって、商人は往来に極めて不便を喞《かこ》っている。金沙江下流の江卞《ガルトク》、塩井と巴安の間では、相互に塩茶を需要する為、駐防西蔵軍長官は巴安の当局と折衝し、塩を以て茶と交換し、人民の食料をつないでいて、秩序は常の如く保たれている。

西康・西蔵踏査記〔完〕

劉曼卿［著者］（りゅう・まんけい）

中華民国国民政府一等書記官。チベットのラサに生まれる。父は漢族系イスラム教徒、母はチベット族。双方の言語と文化に通じる身として、蔣介石の命のもと国民政府とチベットの間の交渉に関わる。ダライラマとパンチェンラマ、および国民政府との対立が起きた際、ダライラマと３度謁見、融和に成功する。(1906-1941)

松枝茂夫［訳者］（まつえだ・しげお）

中国文学者。早稲田大学、東京大学、東京都立大学、九州帝国大学などで教鞭を執る。(1905-1995)

岡崎俊夫［訳者］（おかざき・としお）

中国文学者、朝日新聞記者。丁玲などの優れた中国作家を日本で初めて紹介し、翻訳したことでも知られる。(1909-1959)

近代《きんだい》チベット史叢書《しそうしょ》 11

西康《せいこう》・西蔵踏査記《ちべっととうさき》

平成 27 年 8 月 3 日初版第一刷発行

著　者：劉《りゅう》 曼卿《まんけい》
訳　者：松枝《まつえだ》 茂夫《しげお》・岡崎《おかざき》 俊夫《としお》
発行者：中野 淳
発行所：株式会社 慧文社《けいぶんしゃ》
〒 174-0063
東京都板橋区前野町 4-49-3
〈TEL〉 03-5392-6069
〈FAX〉 03-5392-6078
E-mail:info@keibunsha.jp
http://www.keibunsha.jp/
印刷所：慧文社印刷部
製本所：東和製本株式会社
ISBN978-4-86330-074-3